INVINCIBLE

Titre original : *Invicto*

Première édition, dépôt légal : octobre 2025

ISBN : 978-84-10490-26-0

Composition : Àngel Daniel
Impression et reliure : Rotoprint

Ce livre est imprimé sur du papier provenant de Suède, le pays ayant la législation la plus avancée au monde en matière de gestion des forêts. C'est un papier écolabellisé, traçable et à pâte mécanique.

Éditions Arpa
56 rue Cambronne
75015 Paris
editionsarpa.com

Marcos Vázquez

INVINCIBLE

Moins de souffrance, plus de résultats

Traduit de l'espagnol par Emily Lucas

arpa

CONTENU

LE PROGRAMME

La qualité de notre vie dépend en grande partie de la qualité de notre mental. Malheureusement, nous consacrons peu de temps à améliorer la qualité de nos pensées et l'école ne nous y prépare pas. Résultat : nous passons notre vie sans vraiment comprendre comment utiliser notre esprit.

Nous disposons de l'un des organes les plus sophistiqués du règne animal, notre cerveau, mais nous ignorons tout de son fonctionnement. La plupart des gens sont incapables de se focaliser sur les objectifs qu'ils se sont fixés ; ils se laissent distraire, s'égarent et finissent frustrés. Incapables de résister à la tentation ou de persévérer face à l'adversité, ils finissent par abandonner.

Heureusement, nous pouvons entraîner notre mental et c'est précisément ce sur quoi porte ce livre. Vous découvrirez comment développer votre capacité de discernement (*Visualiser avec clarté*), passer à l'action en dépit des obstacles (*Agir avec détermination*) et renforcer la maîtrise de soi (*Résister avec discipline*).

Tout changement extérieur nécessite d'abord un changement intérieur. Si vous aspirez à transformer votre corps, le véritable changement commence toujours de l'intérieur. Un mental instable ne pourra jamais bâtir un physique solide : *mens sana in corpore sano* disaient les Anciens.

Aussi, si ce livre vous aidera à utiliser votre mental pour améliorer votre physique, il va beaucoup plus loin encore. Ce n'est pas seulement un guide pour optimiser vos habitudes quotidiennes ; il vous aidera également à développer votre propre philosophie de vie. Les outils que vous allez découvrir vous aideront à atteindre n'importe quel objectif car la vie est beaucoup plus simple quand on l'aborde avec clarté, détermination et discipline.

Pour adopter une perspective plus productive sur la vie, nous grimperons sur les épaules des géants qui nous ont précédés, en particulier les philosophes stoïciens. Nous remonterons aux origines de ce courant philosophique, guidés par les meilleurs penseurs de l'époque. Vous apprendrez aux côtés de Sénèque, Épictète et Marc Aurèle. Vous vous imprégnerez de leurs stratégies pour apaiser le chaos intérieur et instaurer l'ordre dans votre esprit.

Même si notre monde actuel est très différent du leur, la nature humaine est restée intacte. Nous faisons face aux mêmes défis depuis des siècles : la peur, le désir, la colère, l'incertitude, la distraction, l'anxiété, le manque de volonté... La philosophie stoïcienne a enseigné à des millions de personnes comment gérer ces différents aspects. Elle a influencé de grandes figures historiques et des courants religieux. Au cours des dernières décennies, le stoïcisme a connu une nouvelle gloire, se répandant comme une traînée de poudre parmi les sportifs d'élite, les militaires, les chefs d'État et les entrepreneurs.

La science a également fait d'immenses progrès. Des recherches récentes ouvrent de nouvelles voies pour faciliter le changement et renforcer la maîtrise de notre esprit. Ce livre s'appuie sur de nombreuses techniques éprouvées dans différents types de thérapies et en propose une application concrète. En alliant sagesse antique et psychologie moderne, ce livre vous offrira un puissant arsenal mental pour transformer votre quotidien.

Devenir invincible, qu'est-ce que ça veut dire ? Plus de discernement et moins de peur. Plus de concentration et moins de distractions. Plus de contrôle mental et moins de réactions émotionnelles. Plus de gratitude et moins de ressentiment. Plus de pouvoir sur ce que vous pouvez changer et moins d'inquiétude pour ce que vous ne pouvez pas contrôler. Plus de protagonisme et moins de victimisation. Plus d'acceptation et moins de préoccupations.

En somme, ce livre est là pour vous aider à mieux vivre et à moins souffrir. Alors, si vous êtes prêt, commençons ensemble ce voyage.

UNE PHILOSOPHIE DE VIE

Telles seront les pensées que tu nourriras habituellement,
tel aussi sera ton esprit car l'âme prend la couleur
et la teinte des pensées qu'elle entretient.

• MARC AURÈLE •

La plupart des gens sont dépouvus de philosophie de vie. Ils passent leurs journées à courir après des plaisirs éphémères, fuyant toute forme d'inconfort. Esclaves de l'immédiateté, ils se laissent happer par la moindre distraction pour éviter d'affronter la réalité. On trouve toujours un prétexte pour éluder la grande question : *Est-ce ainsi que je souhaite vivre ?*

Vivre sans philosophie, c'est vivre sans aucune boussole interne pour guider nos actions. C'est absorber les valeurs et les aspirations de la société sans les remettre en question, c'est mourir sans avoir vraiment vécu.

Cette question de la durée de la vie, un homme digne de ce nom ne doit-il pas s'en soucier fort peu ? Ne doit-il pas examiner le meilleur moyen de passer le plus dignement possible le temps qu'il doit vivre ?

• MARC AURÈLE •

Développer une philosophie personnelle vous permettra de réfléchir à ce qui compte vraiment pour vous. Elle vous aidera à tolérer la frustration du présent dans l'optique d'atteindre des objectifs importants dans le futur. Elle vous guidera dans les moments d'incertitude et vous permettra de surmonter l'adversité.

Beaucoup sentent instinctivement qu'il est essentiel d'avoir une philosophie de vie, mais ignorent par où commencer. Plutôt que de partir de rien, pourquoi ne pas puiser dans une sagesse qui a traversé les siècles avec force et clarté ? Et, comme évoqué précédemment, le stoïcisme est un excellent point de départ.

Bien sûr, d'autres voies existent, notamment celles inspirées des grandes traditions orientales, comme le bouddhisme. Bien qu'il y ait certaines similitudes, la grande différence réside dans l'approche pragmatique des stoïciens.

Les stoïciens ne préconisaient pas de passer des heures chaque jour à méditer dans un monastère. C'étaient des personnes d'action : commerçants, sénateurs, athlètes ou empereurs. Ils ont perfectionné leur philosophie jusqu'à en faire une discipline de l'esprit parfaitement opérationnelle, un guide pour prospérer dans le monde réel, pour être dans l'action plutôt que dans la contemplation. Cette philosophie a été appliquée avec succès à la fois par des empereurs comme Marc Aurèle et des esclaves comme Épictète. Ses grands principes ont trouvé leur place aussi bien dans les prisons que dans les palais. Rappelez-vous : vous êtes en train de façonner votre propre philosophie de vie. Ce livre n'est là que pour vous guider, vous inspirer et nourrir votre réflexion. Gardez ce qui fait écho en vous, et laissez le reste derrière.

STRUCTURE ET CONTENU DU LIVRE

Le contenu proposé dans ce livre s'articule en cinq parties. Nous commencerons par examiner les principes fondamentaux du stoïcisme. Après cette introduction générale, nous aborderons les trois étapes essentielles de tout processus de changement : *Visualiser avec clarté*, *Agir avec détermination*, *Résister avec discipline*. Enfin, vous découvrirez des techniques stoïciennes à intégrer à votre routine - un véritable arsenal mental prêt à être mobilisé lorsque les circonstances l'exigeront.

I	II	III	IV	V
PRINCIPES STOÏCIENS	VISUALISER AVEC CLARTÉ	AGIR AVEC DÉTERMINATION	RÉSISTER AVEC DISCIPLINE	**LES ARMES DU STOÏCIEN**

PARTIE 1

PRINCIPES STOÏCIENS

Vivre toujours parfaitement heureux. Notre âme en trouve en elle-même le pouvoir, pourvu qu'elle demeure indifférente à l'égard des choses indifférentes.

• MARC AURÈLE •

Le stoïcisme est une philosophie éminemment pratique mais, pour l'appliquer, vous devez d'abord en comprendre les fondements. Dans cette première partie, nous découvrirons les grands principes du stoïcisme auxquels nous ferons référence par la suite. Bien que ce livre ait pour but d'améliorer votre santé et votre condition physique, vous constaterez que les principes qu'il présente vont bien au-delà. Les lois du changement sont universelles et vous pourrez les appliquer à tous les aspects de votre vie.

UNE VIE BONNE ET HEUREUSE

Qu'est-ce donc qui peut nous guider ?
Une seule et unique chose : la philosophie.

• MARC AURÈLE •

Le stoïcisme cherche à répondre à la question centrale de l'humanité : comment mener une vie heureuse ? Les stoïciens considéraient la philosophie comme un guide pour la vie, visant en dernier lieu la *eudaimonia* (εὐδαιμονία), souvent traduite par « bonheur ».

Pour simplifier, nous conserverons cette traduction, bien que la vision moderne du bonheur ne reflète pas fidèlement le sens philosophique que les stoïciens lui attribuaient, et certains préfèrent lui donner une signification plus proche de *l'accomplissement de soi* ou *l'épanouissement profond.*

Dans cette perspective, l'*eudaimonia* consisterait à réaliser son potentiel, en comblant l'écart entre ce que nous sommes aujourd'hui et ce que nous avons la capacité de devenir. Ce bonheur repose à son tour sur deux aspects : la vertu et la sérénité.

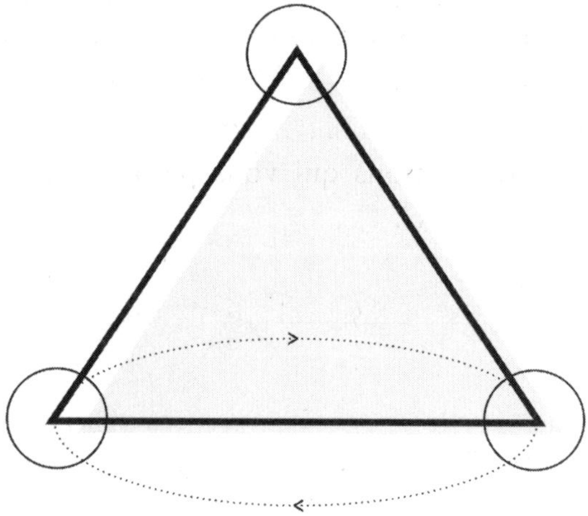

La vertu nous guide dans nos actions, tandis que la sérénité est l'état d'esprit qui nous protège de la souffrance émotionnelle.

LA VERTU

Cherche autour de toi quelque bien qui dure. En est-il d'autre que celui que l'âme tire d'elle-même ? La vertu seule donne une joie constante et libre de crainte.

• SÉNÈQUE •

Tu as reconnu, après combien d'erreurs, que tu n'as pu trouver le bonheur nulle part. En quoi donc consiste-t-il ? A faire ce que réclame la nature de l'homme. Et comment y réussir ? Si l'on possède des principes qui règlent les instincts et les actions.

• MARC AURÈLE •

La vertu est de loin la principale préoccupation des stoïciens. Ils considéraient que vivre de façon vertueuse constituait la condition à la fois nécessaire et suffisante pour atteindre l'eudaimonia, ce bonheur profond et durable tant recherché.

Pour parler de la vertu, les anciens utilisaient le mot grec arétè (ἀρετή), que l'on peut aussi traduire par 'excellence' – c'est-à-dire l'ensemble des actions qui vous permettent de réaliser pleinement votre potentiel.

La poursuite de l'*arétè* n'est pas une proposition originale des stoïciens. Elle est la pierre angulaire des premières écoles philosophiques de Socrate ou de Platon, mais le stoïcisme lui attribue des caractéristiques spécifiques qui lui confèrent une place à part entière dans cette philosophie.

Lorsqu'ils réfléchissaient à la manière juste de se comporter, les stoïciens insistaient sur l'importance de vivre en accord avec notre nature profonde. Selon eux, l'être humain se distingue du reste du règne animal par deux caractéristiques essentielles : sa capacité à raisonner et son profond besoin de lien social.

C'est pourquoi vivre en accord avec notre nature, c'est vivre vertueusement, guidés par la raison et la morale, tout en reconnaissant notre responsabilité sociale d'aider les autres. Les stoïciens mettaient en avant quatre grandes vertus : la sagesse, le courage, la justice et la discipline. Nous allons les découvrir plus en détail.

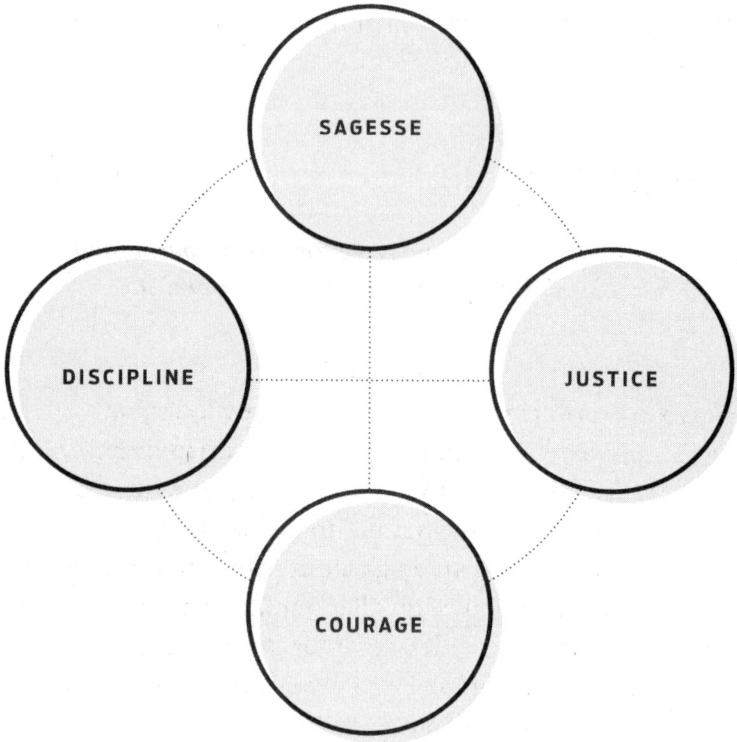

Parler de vertu au XXIe siècle peut sembler archaïque. Nous considérons aujourd'hui la morale comme quelque chose de subjectif et flexible. Ainsi, des comportements qui étaient socialement admis par le passé sont aujourd'hui condamnés et *vice versa*. Pourtant, toutes les sociétés ont porté des valeurs morales communes. Nulle part dans le monde on ne trouve de culture où les parents souhaitent que leurs enfants deviennent irrationnels, lâches, cruels ou esclaves de leurs impulsions.

Sans aucun doute, la manifestation de chaque vertu varie selon l'époque et la société, et ce qui était considéré comme juste à l'époque de Sénèque nous paraîtrait aujourd'hui inacceptable. Cependant, le concept de justice demeure.

Les stoïciens admettaient qu'il n'est pas toujours facile de se comporter de manière vertueuse et ils comparaient le développement de la vertu à un entraînement sportif ou militaire, le convertissant en un exercice quotidien que nous devons perfectionner.

1. LA SAGESSE

Le monde n'est qu'une transformation perpétuelle.
La vie n'est qu'une idée et une opinion.

• MARC AURÈLE •

Nous pourrions résumer la vertu de la sagesse comme la capacité de percevoir la réalité avec lucidité, de manière objective et rationnelle. Dans un monde aussi complexe que chaotique, faire preuve de discernement nous donne une longueur d'avance.

Les stoïciens mettaient en garde contre le fait que les choses ne sont généralement pas ce qu'elles semblent être à première vue et nous encourageaient à les analyser attentivement. Ils ne faisaient pas seulement référence au monde extérieur, mais aussi à notre propre monde intérieur. A ce titre, l'inscription du temple d'Apollon, à Delphes, est concise mais percutante : «*Connais-toi toi-même*».

Comme le rappelait Sénèque, il est plus important de se connaître soi-même que de se faire connaître des autres. Une fois que nous avons une perception claire de la réalité, la vertu de la sagesse nous aidera à choisir l'action la plus appropriée à chaque instant. Autrement dit, nous pourrons prendre des décisions rationnelles au lieu de nous laisser submerger par les émotions.

La sagesse est également cruciale pour distinguer le bien du mal, et pour distinguer ce qui dépend de nous de ce qui n'en dépend pas. Ce sont deux notions importantes de la philosophie stoïcienne que nous découvrirons plus loin.

2. LA JUSTICE

Être utile à la communauté, c'est également en profiter.
Ai-je accompli quelque chose d'utile à la communauté ?
J'en ai donc profité.

• MARC AURÈLE •

L'un des préjugés les plus courants à propos des stoïciens est qu'ils étaient froids et détachés. Rien n'est plus éloigné de la réalité : ils éprouvaient un profond sens des responsabilités envers les autres et rappelaient sans cesse notre devoir moral d'agir pour le bien commun.

Au moment de décider comment agir, nous devons considérer l'impact de nos actes sur la société. Comme le disait Marc Aurèle : «*Ce qui n'est pas utile à la ruche n'est pas non plus utile à l'abeille*».

Prenons-le en exemple : il s'efforçait chaque jour de construire une vie meilleure pour son peuple. Alors que les empereurs qui l'ont précédé étaient devenus des tyrans, abusant du pouvoir lié à leur statut, Marc Aurèle demeurait conscient que son pouvoir lui conférait une grande responsabilité, et il essayait de le mettre à profit pour aider les autres.

Cela ne signifie pas pour autant qu'il appréciait tout le monde. Dans ses écrits, il évoque fréquemment les personnes ingrates, insolentes ou difficiles qu'il côtoyait au quotidien. Pourtant, jamais il ne laissait ses émotions dicter ses décisions. Il ne se laissait ni influencer par les autres, ni guider par le besoin d'approbation. Pour lui, aider les autres relevait d'un devoir moral, non d'une stratégie pour obtenir des faveurs. Il refusait de compromettre sa vertu, même pour gagner l'estime de son peuple.

Enfin, pour les stoïciens, agir avec justice est incompatible avec la recherche de la vengeance. Ainsi, Marc Aurèle nous rappelait que la meilleure vengeance est de ne pas agir comme celui qui nous attaque.

3. LE COURAGE

La difficulté à laquelle tu te trouves confronté me paraît la plus profitable de toutes à condition que tu consentes à en tirer parti.

• ÉPICTÈTE •

Aussi blâmerai-je toute activité sans but. Quant aux hommes qui se portent vers l'honnête, plus ils font effort, sans se laisser ni vaincre ni arrêter en leur chemin, plus je les admire.

• SÉNÈQUE •

Pour les stoïciens, le courage était la capacité d'agir avec vertu indépendamment des conséquences. Le courage n'est pas l'absence de peur, mais plutôt la capacité de faire ce qu'il faut en dépit de la peur. Le courage, c'est aussi la capacité à supporter la douleur et l'adversité, qu'elles soient physiques ou mentales. Nombreux sont ceux qui, par peur d'échouer, renoncent à changer. Pourtant, chaque renoncement ne fait qu'amplifier la peur.

Or, bien souvent, les peurs qui nous éloignent de nos rêves sont exagérées, voire imaginaires. Apprendre à les maîtriser est essentiel si nous voulons avancer.

Nous verrons plus loin différentes techniques pour surmonter la peur d'agir.

4. LA DISCIPLINE

Il n'est rien de si difficile et de si pénible que l'esprit humain ne puisse vaincre, rien qu'on ne se rende familier par une pratique assidue, point de passion si sauvage et si indomptée, qui ne plie enfin au joug de la discipline.

• SÉNÈQUE •

Cette quatrième vertu est communément appelée «tempérance» ou «modération», car elle représente la maîtrise de soi et la volonté. Pour faire simple, nous regrouperons ces différents concepts sous le terme de «discipline».

Les stoïciens se distinguaient par leur grande discipline à l'heure de concrétiser ce qu'ils s'étaient fixé, ne cédant ni à la tentation, ni au découragement.

Dans la mesure où il s'agit d'un courant philosophique, le stoïcisme accorde une valeur supérieure à la sagesse. Mais la connaissance, sans la capacité d'agir, reste stérile. En fin de compte, la discipline est le prix de la liberté : celui qui ne se maîtrise pas devra toujours obéir à quelqu'un d'autre.

La discipline permet de surmonter les problèmes qui finiront par arriver tôt ou tard. Le chemin vers une meilleure version de nous-même est semé d'obstacles. Dans les moments de doute, c'est la discipline qui vous empêchera d'abandonner.

Les stoïciens mettaient l'accent sur l'importance de convertir les obstacles en opportunités. Ils voyaient chaque pierre sur le chemin comme une nouvelle occasion de pratiquer leur philosophie. En général, affronter les défis que nous redoutons est la seule façon de développer des qualités telles que la connaissance de soi, la résilience, la tolérance à la frustration ou encore, plus généralement, la capacité à résoudre des problèmes.

La discipline est essentielle pour agir avec justesse, surmonter les difficultés et atteindre vos objectifs. Elle constituera l'un des piliers fondamentaux de cet ouvrage.

— BÉNÉFICES DES VERTUS STOÏCIENNES —

La récompense d'une bonne action, c'est de l'avoir faite.

• SÉNÈQUE •

Pour les stoïciens, agir avec vertu est une récompense en soi, mais cela peut paraître insuffisant pour la plupart des gens.

En général, notre objectif ne se limite pas seulement à faire les choses correctement, mais aussi à obtenir des résultats concrets en retour.

Heureusement, ces deux objectifs ne sont pas contradictoires. D'un point de vue pratique, développer ces différentes vertus est le meilleur moyen d'atteindre la plupart des objectifs que nous poursuivons, qu'il s'agisse d'avoir un corps athlétique ou de gagner beaucoup d'argent.

Si vous vous efforcez d'acquérir des connaissances (sagesse), si vous vous comportez bien avec les autres (justice), si vous êtes capable d'agir en dépit de la peur (courage) et de surmonter les obstacles et les tentations (discipline), chaque chose dans la vie finira toujours par s'aligner.

Les stoïciens étaient conscients qu'en entraînant leur esprit à s'orienter selon ces principes, ils étaient aussi plus susceptibles d'obtenir ce qui est généralement valorisé par la société, à savoir le succès et la richesse. Comme nous le verrons plus loin, ils ne refusaient pas ces conséquences secondaires, mais ils mettaient en garde contre le fait qu'elles deviennent la motivation principale.

Ce que je cherche dans la vertu ? Elle-même : elle n'a rien de meilleur, elle est à elle-même son salaire.

• SÉNÈQUE •

La même idée s'applique lorsque nous voulons transformer notre vie : plutôt que de nous fixer sur les résultats à court terme, il est plus judicieux de concentrer notre attention sur nos habitudes. Autrement dit, il vaut mieux accorder moins d'importance aux objectifs lointains et davantage à notre comportement quotidien. Les bonnes actions sont une récompense en soi. En trouvant de la satisfaction à faire ce qui est juste, vous améliorerez votre comportement. Et, avec le temps, les résultats viendront.

LA SÉRÉNITÉ

Même si les stoïciens accordaient beaucoup plus d'importance à la vertu qu'à la sérénité, ils veillaient à cultiver leur *tranquillité d'âme*, ou ***ataraxia*** (ἀταραξία). D'ailleurs, ils voyaient un lien évident entre ces deux concepts. Agir avec vertu nous apporte de la sérénité.

La soif du vrai bien, si vive qu'elle soit, est sans risque. Tu veux savoir en quoi il consiste, quels en sont les éléments ? Les voici : une bonne conscience, d'honnêtes résolutions, des actions droites.

• SÉNÈQUE •

En revanche, les stoïciens estimaient que la recherche volontaire et artificielle de la sérénité comme état mental pouvait nous faire tomber dans le vice. Par exemple, ils désapprouvaient l'usage de tranquillisants ou de drogues pour atteindre la paix intérieure. Pour eux, l'art de bien vivre reposait avant tout sur la justesse de nos actions, bien plus que sur la recherche de sensations agréables.

Beaucoup de personnes s'imaginent qu'elles atteindront cet état de nirvana psychologique lorsqu'elles auront réglé tous leurs problèmes, faisant dépendre leur paix intérieure de l'absence d'obstacles extérieurs. C'est une erreur.

Les problèmes font partie intégrante de la vie : tels l'Hydre de Lerne, vous en résolvez un et d'autres apparaissent aussitôt. Le but n'est pas de les éliminer tous, mais d'agir avec justesse et de rester serein au milieu des difficultés.

Le stoïcisme vous aidera à atteindre cet état de sérénité indépendamment de ce qui se passe à l'extérieur.

Marc Aurèle considérait son esprit comme une citadelle intérieure, une forteresse où régnait le calme, malgré les batailles qui faisaient rage au-delà de ses remparts.

Aussi est-ce une citadelle que l'intelligence libre de passions. L'homme n'a pas de plus forte position où se retirer pour être imprenable désormais.

• MARC AURÈLE •

Un esprit anxieux ou agité aura du mal à agir de manière rationnelle : la sérénité est donc le meilleur antidote contre les mauvaises décisions et les mauvais choix. Et quels sont les ennemis de la sérénité ? Les passions.

— LES PASSIONS —

Ce qui trouble les hommes, ce ne sont pas les choses, ce sont les jugements qu'ils portent sur les choses.

• ÉPICTÈTE •

Les stoïciens considéraient les passions comme des émotions irrationnelles ou exagérées qui troublent la raison et entravent la vertu. Il est difficile d'agir de manière rationnelle si l'on est possédé par le désir, la peur ou la colère.

Ces émotions disproportionnées étaient considérées comme pathologiques et responsables d'une grande partie de la souffrance humaine. C'est pour cette raison qu'ils s'appliquaient à les contrôler.

Si nous parlons ici de «contrôle», c'est parce que les stoïciens ne cherchaient pas à supprimer ces émotions, mais à les canaliser de manière constructive afin d'en minimiser les effets préjudiciables. Ils savaient que la plupart du temps, ces émotions sont provoquées par des instincts innés auxquels notre corps répond de manière involontaire : lorsque nous entendons un bruit inhabituel, nous devenons aussitôt vigilants ; et si nous faisons une erreur en public, nous rougissons instinctivement.

Evidemment, la raison ne peut pas prévenir l'apparition d'une émotion, mais elle peut aider à la réguler et à rendre leur manifestation plus appropriée.

Par conséquent, il ne s'agit pas, pour les stoïciens, d'ignorer nos émotions, mais de développer des outils pour minimiser leur impact et consacrer ainsi plus d'énergie à poursuivre nos objectifs. Nous pouvons dominer les passions en devenant plus forts qu'elles, pas en évitant qu'elles apparaissent. Avec un peu de pratique, vous remarquerez que les émotions négatives qui vous détournent régulièrement de votre chemin tendront à s'atténuer avec le temps et à être de moins en moins fréquentes.

Les stoïciens comprenaient le caractère adaptatif des émotions : la peur n'est pas mauvaise en soi, puisqu'elle nous protège de situations dangereuses. Le désir pour la nourriture n'est pas nuisible non plus, car un bébé qui n'a pas faim serait voué à la mort. Par conséquent, ce ne sont pas les émotions elles-mêmes qui posent problème, mais les réactions automatiques qu'elles déclenchent.

Si nous ne parvenons pas à contrôler la peur, nous restons paralysés. Si nous ne contrôlons pas notre appétit, nous mettons notre santé en péril. La proposition stoïcienne consiste à analyser constamment la pertinence de chaque émotion et de son intensité dans un contexte donné, afin d'y répondre de manière rationnelle plutôt que de manière impulsive. Ils utilisaient le terme de ***pathos*** (πάθος) pour se référer à ces *impulsions déraisonnables*, et, par opposition, le terme ***apatheia*** (ἀπάθεια) pour désigner l'état mental libéré de ces passions : la *sérénité.*

Ce terme est souvent traduit par 'apathie' en français, une traduction chargée de connotations négatives qui ont terni la réputation du stoïcisme, en l'associant à l'indifférence ou au désintérêt – alors qu'il s'agit en réalité de tout l'inverse.

Les stoïciens étaient des individus profondément impliqués dans la société. Leur capacité de discernement et leur discipline en firent souvent des personnes couronnées de succès, c'est-à-dire, selon les normes les plus communément admises, bénéficiant d'un certain niveau de richesse et d'une certaine renommée. Pourtant, dans sa quête de l'eudaimonia – le véritable bonheur –, le stoïcisme visait à cultiver un état d'esprit empreint d'émotions positives, telles que l'empathie, la compassion et la gratitude envers la vie.

Marc Aurèle parlait par exemple d'être libre de passions mais empli d'attachement.

Dans la seconde partie du livre, *Visualiser avec clarté*, nous passerons en revue les principales passions (ou émotions) que nous devons apprendre à apprivoiser et vous découvrirez les recommandations stoïciennes pour ne plus vous laisser submerger par elles.

Enfin, les Stoïciens rappelaient qu'entre un événement extérieur et l'émotion qu'il déclenche, il y a toujours une croyance.

C'est cette croyance, ou interprétation, qui lui attribue une valeur : bonne ou mauvaise. En changeant notre perception, nous changeons nos émotions. C'est le moment d'aborder la dichotomie du contrôle.

LA DICHOTOMIE DU CONTRÔLE

Parmi les choses qui existent, certaines dépendent de nous, d'autres non. De nous dépendent la pensée, l'impulsion, le désir, l'aversion, bref, tout ce en quoi nous agissons. Ne dépendent pas de nous le corps, l'argent, la réputation, les charges publiques, tout ce en quoi nous n'avons aucune prise.

• ÉPICTÈTE •

Le *Manuel d'Épictète* commence par la notion de «dichotomie du contrôle», c'est-à-dire la distinction entre ce qui dépend de nous et ce qui ne dépend pas de nous. C'est un principe de base du stoïcisme, d'une grande pertinence d'un point de vue pratique : faire dépendre notre bien-être de choses hors de notre contrôle est la meilleure façon de plonger dans l'insatisfaction et d'y rester.

Qu'est-ce qui se trouve sous notre contrôle selon Épictète ? Il s'agit uniquement de la perception que nous avons de la réalité et nos actions.

Qu'est-ce qui est hors de notre contrôle ? Tout le reste. A ce sujet, Épictète mentionne explicitement des éléments comme le corps, la fortune, la réputation. Nous ne devrions dépendre d'aucun de ces éléments si nous souhaitons être heureux.

Est-ce que ça veut dire que nous n'avons pas de contrôle sur notre corps ou notre santé ? Oui et non. Nous avons le contrôle sur certains aspects, comme choisir ce que nous mangeons ou le nombre d'heures que nous consacrons à l'exercice physique, mais nous ne serons jamais complètement à l'abri d'éventuelles maladies ou d'un accident.

Certains auteurs modernes proposent d'ailleurs le concept de trichotomie du contrôle, en faisant la distinction entre ce qui est totalement sous notre contrôle, ce qui l'est partiellement et ce qui ne l'est pas du tout.

Partant, si nous analysons ce qui est partiellement sous notre contrôle, comme notre santé, une nouvelle distinction est alors possible car si nous pouvons contrôler nos actions (ou nos efforts), le résultat reste cependant hors de notre contrôle.

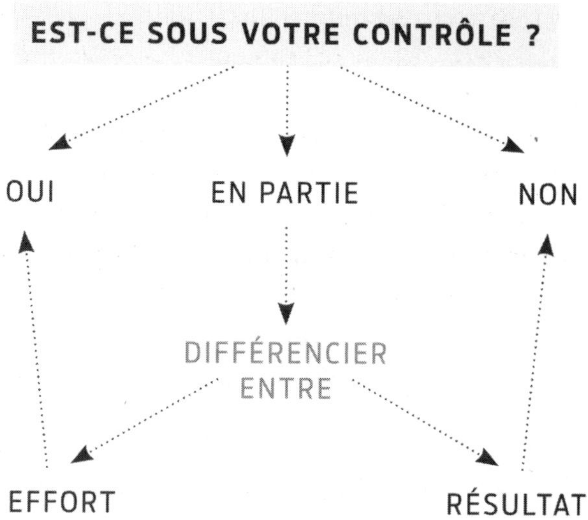

Une des leçons les plus importantes du stoïcisme est de concentrer toute notre énergie et nos efforts sur ce qui dépend de nous. Se faire du souci pour des choses qui ne dépendent pas de nous n'a pour seul effet que de créer de l'anxiété impossible à canaliser et, au bout du compte, de la frustration.

Pour illustrer cette idée, utilisons l'analogie de l'archer proposée par le célèbre auteur latin Cicéron. Si un archer souhaite atteindre un objectif avec sa flèche, il a de nombreux éléments sous son contrôle : il peut contrôler combien d'heures il dédie à améliorer sa technique, quel arc il utilise et, le moment venu, la manière dont il tend la corde et la direction dans laquelle il pointe sa flèche. Mais une fois que la flèche quitte son arc, il n'y a plus rien qu'il puisse faire. Que la flèche atteigne son objectif dépend désormais du destin. Une rafale de vent ou un infime mouvement de la cible suffiront à compromettre le résultat. Or cela ne doit pas préoccuper l'archer, car ce sont des éléments qui se trouvent désormais hors de son contrôle.

Appliquer ce concept de dichotomie du contrôle au milieu professionnel vous sera d'une grande aide, principalement dans des domaines où les refus et les échecs sont monnaie courante.

Voyons quelques exemples :

— Un athlète qui se décourage après une défaite n'ira pas très loin. Il doit voir le résultat comme une donnée, une information qui l'aidera à s'améliorer et à mieux se préparer pour la prochaine épreuve.
— Un vendeur qui se sent frustré à chaque fois qu'il rate une vente et pense qu'il devrait rechercher un autre emploi se trompe. Il devrait plutôt analyser objectivement chaque interaction, en se demandant ce qu'il peut améliorer, sans se punir à cause du résultat.

Il est inévitable de sentir une certaine déception lorsqu'on perd un match ou que l'on rate une vente, mais en appliquant la mentalité stoïcienne, l'émotion négative dure moins longtemps. Cela permet de se concentrer plus rapidement sur ce qui relève de notre pouvoir, notamment sur ce que l'on peut améliorer pour être mieux préparé la fois suivante.

En résumé, les stoïciens proposent de focaliser nos pensées et nos efforts sur ce que nous pouvons contrôler, en ignorant tout le reste. De cette manière, nous maximiserons la probabilité d'atteindre le résultat souhaité, tout en évitant une souffrance inutile. Une fois arrivés au résultat final, nous l'accepterons avec équanimité, en accord avec le concept stoïcien d'*amor fati*.

— AMOR FATI —

Ne demande pas que ce qui arrive, arrive comme tu désires, mais désire que les choses arrivent comme elles arrivent, et tu seras heureux.

• ÉPICTÈTE •

Nul ne peut avoir tout ce qu'il désire, mais on peut ne pas désirer ce qu'on n'a point et user gaiement de ce que le sort nous offre.

• SÉNÈQUE •

Bien que le terme *amor fati* soit apparu bien après les premiers stoïciens, il reflète parfaitement leur enseignement selon lequel il ne s'agit pas seulement d'accepter son destin, mais aussi de l'apprécier. En effet, si nous ne pouvons pas changer ce qui s'est passé, nous pouvons changer la manière dont nous le percevons. Nous pouvons penser, par exemple, que quelque chose de positif en découlera dans un avenir proche.

Zénon lui-même, le père fondateur du stoïcisme, est un bon exemple de cette démarche. Il s'agissait d'un marchand prospère qui écumait la Méditerranée orientale. Or, un jour, son bateau subit un terrible accident lors d'un voyage, alors qu'il transportait une cargaison précieuse. Zénon perdit tout ce qu'il possédait et faillit même y laisser la vie. À la suite du naufrage, il atteignit les côtes de Grèce, puis se rendit à Athènes, où il décida d'étudier la philosophie et finit par fonder sa propre école. Cet événement fut la réalisation la plus importante de sa vie et pourtant, il n'aurait pas été possible sans le naufrage qui causa sa ruine.

Pour expliquer leur relation avec la destinée, les stoïciens utilisaient l'analogie d'un chien attaché à une charrette. La charrette étant tirée par des animaux beaucoup plus puissants que le chien, celui-ci n'a que deux options :

1. Se laisser entraîner par la charrette et profiter de la longueur de sa laisse pour explorer tout ce qui se trouve sur son chemin.
2. Employer toute son énergie à freiner tant bien que mal l'avancée de la charrette, une tâche aussi absurde qu'inutile.

Dans les deux cas, le chien atteindra la même destination, mais l'expérience du voyage aura été très différente. S'il choisit la première option, il passera un moment agréable et paisible en profitant du trajet. S'il choisit la deuxième option, il souffrira et sera constamment frustré. Quelle option choisissez-vous ?

Non, rien n'est pénible,
dès que tu l'acceptes sans peine.
• SÉNÈQUE •

Parfois, cette acceptation stoïque du destin est interprétée comme de la résignation passive, mais il s'agit là, à nouveau, d'une vision erronée. Il ne s'agit pas de se résigner, mais d'éviter de gaspiller du temps et de l'énergie inutilement, comme le chien qui suit le mouvement de la charrette. En accueillant sereinement tout ce qui arrive dans votre vie, vous tournez le dos aux émotions négatives comme la colère ou la déception.

Dès lors, ainsi que nous venons de l'affirmer, accepter ne signifie pas se résigner. Faire appel à notre raison pour apaiser une douleur émotionnelle n'exclut en rien l'effort sincère de transformer la situation. Il s'agit de faire du mieux que nous pouvons avec ce que nous avons, plutôt que de regretter ce qui nous arrive, c'est-à-dire au lieu de penser à ce que nous pourrions faire avec ce que nous n'avons pas. Se lamenter sur le passé ne change rien et nous détourne souvent de l'essentiel : agir ici et maintenant, avec lucidité et de manière constructive.

La recommandation des stoïciens est claire : acceptez votre sort et concentrez-vous sur ce que vous pouvez contrôler. Au lieu d'essayer de changer le monde, vous devez d'abord essayer de vous changer vous-même. Paradoxalement, c'est la meilleure stratégie pour créer ensuite un impact positif sur votre vie et sur celle de votre entourage. Épictète nous voyait comme les acteurs de cette grande pièce de théâtre qu'est la vie, et il nous enseignait qu'un bon acteur ne choisit presque jamais son rôle, mais il choisit toujours la manière dont il le joue.

Chaque jour, nous avons un choix à faire : profiter de ce moment et tirer parti de ce qu'il y a de positif, ou nous plaindre parce que cela ne correspond pas à tout ce que nous souhaiterions avoir. C'est une leçon de pragmatisme.

La célèbre Prière de la Sérénité résume parfaitement cette idée : *«Seigneur, donne-nous la grâce d'accepter avec sérénité les choses qui ne peuvent être changées, le courage de changer celles qui devraient l'être et la sagesse de distinguer l'une de l'autre»*.

LE BIEN, LE MAL ET L'INDIFFÉRENT

Si nous faisons preuve de sagacité et de sincérité quand nous disons que le bien et le mal relèvent de notre libre arbitre et que le reste ne nous regarde pas, qu'est-ce qui peut encore nous troubler, qu'est-ce qui peut encore nous faire peur ?

• ÉPICTÈTE •

Pour les stoïciens, seules les choses qui dépendent entièrement de nous peuvent être qualifiées de bonnes ou de mauvaises car celles qui ne dépendent pas de nous doivent être considérées comme étant simplement indifférentes. Dans cette optique, agir en accord avec la vertu est la seule chose qui soit véritablement bonne et son contraire est la seule chose qui soit véritablement mauvaise.

Cela signifie que le bien est toujours en notre pouvoir, puisque, indépendamment de notre situation, nous conservons notre capacité de discernement et nous pouvons agir avec courage et faire preuve de discipline. Par conséquent, le mal n'est pas toujours extérieur : il prend racine en nous lorsque nous trahissons la raison ou nous nous écartons du chemin de la vertu.

C'est un concept puissant, mais difficile à accepter. Cela implique que tout ce à quoi nous accordons de la valeur, depuis notre santé jusqu'à notre argent, en passant par notre propre vie, est en réalité indifférent. Peut-être que cette affirmation vous choque de prime abord, mais vous comprendrez bientôt sa justification.

« Mais alors, que faut-il faire ? » me dis-tu. Tu dois faire au mieux ce qui dépend de toi , et accueillir ce qui ne dépend pas de toi tel qu'il vient.

• ÉPICTÈTE •

Appliquée au quotidien, cette perspective révèle toute sa sagesse : en limitant nos jugements aux choses qui dépendent de nous, nous dirigeons notre énergie vers l'essentiel – là où elle peut réellement produire un effet.

Ainsi, nous évitons de perdre du temps à nous préoccuper de ce que nous ne pouvons pas contrôler.

Reprenons l'analogie de l'archer : son entraînement rigoureux et l'usage habile de ses compétences relèvent de son contrôle, et sont donc considérés comme bons. En revanche, le fait d'atteindre la cible dépend de facteurs externes – c'est pourquoi cela est vu comme indifférent.

Une fois de plus, on pourrait penser que les stoïciens, en considérant comme indifférentes des choses fondamentales telles que la santé, l'argent ou la vie elle-même, seraient des individus léthargiques, sans motivation ni ambition. Et une fois de plus, nous aurions tort. La clé, c'est la distinction qu'ils établissent parmi les choses « indifférentes » : certaines sont préférables, d'autres à éviter – mais l'important est qu'aucune ne définit notre valeur.

— INDIFFÉRENT PRÉFÉRÉ VS INDIFFÉRENT NON PRÉFÉRÉ —

Le sage ne se méprisera point, quand il serait de taille exiguë; toutefois il en voudrait une grande : avec un corps grêle, et privé d'un œil, il peut se bien porter : il aimera mieux pourtant avoir aussi la vigueur physique. Il désirera ces avantages sans oublier qu'il a en lui quelque chose de plus fort que tout cela : il saura souffrir la mauvaise santé tout en souhaitant la bonne.

• SÉNÈQUE •

Nous l'avons vu, les stoïciens mettaient l'accent sur ce qui dépend vraiment de nous : nos choix présents et notre manière d'accueillir les événements. C'est pourquoi ils jugeaient les actes vertueux essentiels, et les résultats, indifférents.

Bien que les choses extérieures n'aient pas d'impact direct sur notre vertu, les stoïciens admettaient qu'elles pouvaient avoir une certaine valeur pratique. C'est pourquoi ils distinguaient les indifférents « préférés » des indifférents « non préférés ».

Il est donc naturel de préférer la vie, la santé, la richesse, les amis et le plaisir à la mort, la maladie, la pauvreté, les ennemis et la douleur. Ils recherchaient donc ces biens préférables, mais sans toutefois que leur bonheur en dépende : s'ils n'atteignaient pas ces objectifs, ils ne l'envisageaient pas comme un échec, mais comme le résultat du destin. Ils en tiraient alors des enseignements pour le futur, plutôt que de s'effondrer. Chaque échec devenait une occasion de grandir, en ajustant leur préparation pour affronter l'avenir avec plus de sagesse.

Ce n'est pas un hasard qu'ils aient été, en général, des personnes très impliquées dans la vie politique et sociale, se hissant souvent à des postes à responsabilité, grâce à leur clarté d'esprit, leur intégrité, leur capacité de résilience et leur discipline. Ils considéraient que vivre avec sagesse impliquait de prendre les bonnes décisions relatives à sa santé et ses finances, mais ils nous rappelaient aussi que le véritable sage est celui capable de s'épanouir même dans la pauvreté ou la maladie. Le sage ne dépend de rien mais tire parti de tout. L'ignorant croit avoir besoin de beaucoup, mais ne sait rien apprécier.

En définitive, les stoïciens poursuivaient leurs objectifs avec détermination, mais leur bonheur ne dépendait pas de leur réussite.

Leur valeur ne dépendait pas de leurs possessions ou de leur renommée. D'ailleurs, ils considéraient l'argent et la renommée comme des indifférents préférables, car mieux valait les avoir que ne pas les avoir, mais jamais ils n'auraient compromis leurs propres valeurs (l'éthique étant la seule chose intrinsèquement bonne) pour obtenir quelque chose d'indifférent.

Parmi les autres indifférents préférables, les stoïciens accordaient une grande valeur à l'amitié, alors qu'ils mettaient en garde contre les possibles dangers de rechercher la richesse ou le plaisir. Nous verrons à présent pourquoi.

— ARGENT, RENOMMÉE ET POUVOIR —

Ainsi le sage signalera sa vertu, s'il le peut, dans la richesse, faute de mieux dans la pauvreté ; dans sa patrie, s'il y habite, sinon sur la terre d'exil ; comme général ou comme soldat, en santé comme en maladie. Quelque destinée qui lui advienne, il en fera sortir de mémorables résultats.

• SÉNÈQUE •

La relation entre argent et morale faisait débat parmi les écoles philosophiques grecques. Les cyniques, par exemple, prônaient la pauvreté volontaire, convaincus que la richesse corrompt invariablement. Les stoïciens, quant à eux, ne voyaient pas l'argent comme mauvais en soi : tout dépendait de la manière dont il était acquis et de l'usage qu'on en faisait.

Si une personne accumulait de la richesse parce qu'elle avait agi avec droiture et discipline, alors rien ne devait l'empêcher d'en profiter. Cependant, si cette personne avait agi de manière contraire à la vertu dans le but de s'enrichir, alors cet argent cesserait d'être indifférent pour devenir quelque chose de mauvais.

C'est également vrai si, une fois la richesse acquise, nous nous y attachons de manière démesurée. Vivre avec une peur excessive de perdre ce qui a été gagné nuit à notre stabilité mentale. Rechercher la richesse est acceptable, tant qu'elle ne prend pas le dessus sur nos valeurs ni sur notre calme intérieur.

Pour Épictète, il vaut mieux vivre avec peu et avoir un mental apaisé que vivre dans l'abondance avec un mental agité. La richesse réside dans la modération des désirs, et non dans l'abondance : n'est pas riche celui qui possède le plus, mais celui qui se contente de peu. Pour les stoïciens, seules nos actions ont une valeur durable.

Les choses elles-mêmes sont indifférentes,
mais l'usage qu'on en fait ne l'est pas.

• ÉPICTÈTE •

Sénèque nous encourageait à profiter des bonnes choses qui nous arrivaient, y compris la fortune. Lui-même était un bon exemple, en devenant l'un des hommes les plus riches de son temps. Il savait profiter de ce qu'il possédait, sans pour autant se laisser abattre lorsqu'il le perdait.

En raison de sa richesse, Sénèque devait se défendre régulièrement de ceux qui le traitaient d'hypocrite et sa réponse était claire : *«A moi les richesses. Si elles m'échappent des mains, ne m'enlèveront rien qu'elles-mêmes ; toi, atterré du coup, tu croiras te survivre et te manquer tout ensemble si elles se retirent de toi. Chez moi, les richesses ont quelque place ; elles ont chez toi la plus haute ; pour tout dire, elles m'appartiennent, toi tu leur appartiens».*

Le problème n'est pas l'argent, mais l'obsession qu'il suscite. Qu'il manque ou abonde, l'anxiété qu'il engendre était, pour les stoïciens, une véritable pathologie.

Ce n'est point dans les choses qu'est le mal, c'est dans l'âme. Comme il est indifférent que l'homme qui souffre soit déposé sur un lit de bois ou sur un lit d'or : n'importe où tu l'as transféré, ses douleurs y passent avec lui. De même, place un esprit malade dans la richesse ou dans la pauvreté, partout son mal le suit.

• SÉNÈQUE •

Les stoïciens envisageaient le pouvoir ou la renommée de la même manière. Prenons l'exemple de Marc Aurèle, l'homme le plus puissant et probablement le plus célèbre de son temps. Alors que le pouvoir avait converti beaucoup d'autres empereurs en tyrans, Marc Aurèle réfléchissait constamment à la responsabilité que lui conférait son statut et à la manière de s'en servir pour le bien commun, en agissant toujours avec vertu. C'est ainsi qu'il est passé à la postérité comme l'un des plus grands empereurs de Rome.

Et n'oublions pas le cas d'Épictète : dans une société romaine rigide et stratifiée, il a réussi à s'affranchir de sa condition d'esclave pour fonder une école de philosophie réputée. Cela laisse supposer qu'il parvint à bénéficier d'une grande renommée et d'une situation économique confortable après avoir vécu dans l'esclavage.

— PLAISIR ET DÉSIR —

C'est pourquoi les anciens nous prescrivent d'adopter la meilleure, non la plus agréable vie, afin que la volonté, droite et bonne, ait le plaisir non pour guide, mais pour compagnon.

• SÉNÈQUE •

Tout comme le pouvoir ou la richesse, les stoïciens ne considéraient pas le confort ou le plaisir comme intrinsèquement mauvais, mais ils mettaient en garde contre le danger qu'il y a à ériger ces choses en buts ultimes de l'existence.

Ils comprenaient l'utilité des « désirs naturels », comme le désir pour la nourriture qui nous maintient en vie. Cependant, développer un palais très sophistiqué pourrait, avec le temps, nous empêcher d'apprécier des aliments basiques. Ils nous enseignaient que le plus grand plaisir culinaire, c'est consiste à apprécier les mets les plus simples.

Ils appliquaient la même philosophie à d'autres domaines, comme l'habillement ou la décoration de la maison. Le problème du luxe, affirmaient-ils, c'est qu'il renforce des désirs contraires à notre nature, qui deviennent de plus en plus difficiles à satisfaire.

Retire-toi de l'illusoire, et quand tu voudras savoir si ton désir est naturel ou suggéré par l'aveugle passion, vois s'il a quelque part son point d'arrêt. Quand, parvenu déjà loin, toujours il lui reste à pousser au-delà, sache qu'il est hors de la nature.

• SÉNÈQUE •

Selon les stoïciens, plaisir et souffrance vont souvent de pair. En effet, une mauvaise action peut engendrer une souffrance qui durera beaucoup plus longtemps que le plaisir initial qu'elle a suscité. Ils faisaient le parallèle avec une consommation excessive d'alcool : «*Que de choses on fait dans l'ivresse dont on rougit de sang-froid*». Un plaisir éphémère comme l'ivresse entraîne souvent un déséquilibre durable : fatigue du corps, confusion de l'esprit.

Ainsi, les stoïciens n'avaient rien contre le fait de profiter des plaisirs de la vie, mais ils préconisaient de le faire de manière modérée. Ils critiquaient, par exemple, les somptueux banquets de l'époque, où, selon Sénèque, «*les participants vomissent pour se gaver et se gavent à en vomir*». Une fois la modération dépassée, le plaisir se transforme rapidement en souffrance. Il vaut mieux essayer de trouver du plaisir dans l'exercice de la raison et de la modération.

La quête constante et sans limites du plaisir ne pourra jamais être le fondement d'une vie heureuse. Peu après avoir satisfait un désir, un nouveau surgira, encore plus fort que le précédent. Les stoïciens ne jalousaient pas ceux qui se glorifiaient des plaisirs raffinés ; ils les plaignaient, car ils voyaient dans cette quête une marque d'ignorance.

En perdant la capacité à profiter des choses simples, la probabilité de mener une vie heureuse diminue.

Quoi qu'on lui prodigue, on ne met pas un terme au désir, on lui fait faire un pas de plus.

• SÉNÈQUE •

Le confort appelle à davantage de confort et le plaisir à davantage de plaisir. C'est le piège de l'adaptation hédonique : ce qui nous comblait hier ne suffit plus aujourd'hui. Or seule une vie fondée sur la vertu et la sérénité permet d'échapper à cette spirale.

	COMPORTEMENT À COURT TERME	RÉSULTAT PROBABLE À LONG TERME
SANS PHILOSOPHIE DE VIE	CHERCHER LE PLAISIR ÉVITER L'INCONFORT	**INSATISFACTION**
AVEC PHILOSOPHIE DE VIE	PRINCIPES	**SATISFACTION**

Les stoïciens faisaient une distinction entre les plaisirs naturels, que nous devons inclure avec modération, et les plaisirs artificiels, avec lesquels nous devons être plus attentifs. Les plaisirs naturels sont ceux que la nature a rendu nécessaires, comme l'alimentation ou la sexualité, alors que les plaisirs artificiels sont des constructions sociales, telles que le luxe ou la célébrité.

Les maîtres stoïciens nous encourageaient à profiter des plaisirs naturels mais sans les désirer de manière excessive. Ils ne s'opposaient pas non plus à profiter ponctuellement du luxe ou de n'importe quel autre plaisir artificiel, mais en faisant attention de ne pas devenir leurs esclaves.

Ils comprenaient aussi que le plaisir sans modération dégénère en vice, nourissant la boucle de l'addiction. Comme nous l'avons vu précédemment, la frontière entre plaisir et souffrance est très mince. Sénèque disait : «*Esclaves des plaisirs, ils n'en jouissent pas*» ou encore «*Aussi se noient-ils dans ces voluptés, qui sont pour eux des habitudes et dont ils ne se peuvent passer, d'autant plus misérables que le superflu leur est devenu nécessaire*».

Un autre problème que les stoïciens voyaient dans la recherche constante du luxe et de l'excès est que cela requiert beaucoup de temps et d'argent, alors que les choses simples s'obtiennent sans trop d'effort. En vous concentrant sur l'essentiel, vous libérez des ressources grâce auxquelles vous pourrez réellement améliorer votre vie.

Aussi se noient-ils dans ces voluptés, qui sont pour eux des habitudes et dont ils ne peuvent se passer, d'autant plus misérables que le superflu leur est devenu nécessaire. Esclaves des plaisirs, ils n'en jouissent pas, et, pour dernier malheur, ils sont amoureux de leurs maux. Plus de remède possible, quand nos vices d'autrefois sont nos mœurs d'à présent.

• SÉNÈQUE •

Une grande source de souffrance vient du fait que nous portons plus d'attention à ce qui nous manque qu'à ce que nous possédons déjà. Les stoïciens nous invitaient à inverser cette tendance : moins désirer, mieux apprécier. Dans les pages qui suivent, vous découvrirez des techniques concrètes pour cultiver la gratitude, clarifier vos véritables objectifs et savourer les plaisirs de la vie sans en devenir dépendant.

— DOULEUR ET SOUFFRANCE —

Jouir d'un bonheur constant et traverser la vie sans que rien n'ait froissé notre âme, c'est ne pas connaître le second visage des choses humaines.

• SÉNÈQUE •

Comme nous l'avons vu, les stoïciens considéraient la douleur et la souffrance comme des indifférents non préférés. C'est pourquoi il est sage de les éviter autant que possible, tout en gardant à l'esprit qu'il serait illusoire de croire qu'on pourra toujours y échapper.

Ils étaient conscients que les événements externes peuvent nuire à notre *ataraxia* (ou *tranquillité de l'âme*) et ils proposaient différents outils pour minimiser la souffrance ou la tristesse. Nous verrons lesquels plus loin.

Pour commencer, ils nous faisaient comprendre que l'univers distribue ses cartes de manière aléatoire, et que nous ne pouvons pas nous attendre à ce que tout ce qui nous arrive soit agréable.

Comme le disait Sénèque, cela reviendrait à ignorer le second visage de la nature.

Cependant, une grande partie de notre souffrance est inutile, engendrée par des problèmes imaginaires que nous anticipons. En souffrant avant même qu'ils ne se produisent, nous souffrons deux fois plus que nécessaire. Comme nous le verrons, une manière de réduire ce type de souffrance est de s'habituer à vivre dans le présent.

En revanche, si notre peine est justifiée par un événement concret, les stoïciens nous rappellent que c'est une émotion normale. Selon Sénèque : «*Qu'y a-t-il dans les tourments et dans tout ce qu'on nomme adversité qui soit vraiment un mal ? C'est, ce me semble, que l'âme faiblisse, et plie, et vienne à tomber : rien de tout cela ne peut arriver au sage. Il se tient droit, quelque charge qui lui incombe ; rien ne le rapetisse ; rien de ce que l'homme doit subir ne le rebute. Je ne mets point le sage à part des autres hommes ; je ne le rêve pas inaccessible à la douleur, comme le serait un roc étranger à toute sensation*».

En effet, l'intention des stoïciens n'était pas de réprimer l'émotion, mais de mettre la souffrance en perspective, afin de limiter son impact. Ils affirmaient aussi que l'adversité est un grand maître puisqu'elle représente toujours une opportunité de mettre en pratique notre philosophie. La souffrance nous est parfois nécessaire pour mûrir. Sortir de notre zone de confort peut être douloureux, mais rien de grand ne naît dans la facilité. Le confort est un terrain stérile pour la transformation intérieure.

Nous nous plaignons de la souffrance à court terme sans voir qu'avec le temps, le processus de récupération nous aide à devenir meilleur. Les stoïciens ne considéraient pas le plaisir comme nécessairement bon ni la douleur comme nécessairement mauvaise : tout comme le plaisir peut nous affaiblir, la douleur peut nous rendre plus forts.

Souvent le dommage a préparé la place à une situation meilleure : bien des choses sont tombées pour se relever plus grandes et plus belles. Timagène, cet ennemi de la prospérité de Rome, disait : « si les incendies de cette ville me font peine, c'est que je sais que ses débris ressusciteront en meilleur état qu'auparavant ».

• SÉNÈQUE •

Comme toujours, les stoïciens rappelaient que la seule chose vraiment bonne est d'agir avec vertu, même si cela nous est douloureux. Nous avons vu que les qualités propres au stoïcisme amenaient ceux qui le pratiquaient à gagner en influence et acquérir un certain confort matériel, mais leur combat pour la justice les faisait s'ériger contre le pouvoir en place, et certains d'entre eux en payèrent le prix fort.

Ainsi, Sénèque passa plusieurs années en exil et fût finalement condamné à mort, mais il vécut avec la tranquillité d'avoir toujours essayé de faire ce qui lui semblait juste. Il était convaincu qu'aucun événement extérieur n'était réellement mauvais.

Si tu accomplis quelque chose de bien par l'effort, l'effort s'oublie vite mais le bien demeure. Si tu commets quelque chose de mal par plaisir, le plaisir s'oublie vite mais le mal demeure.

• MUSONIUS RUFUS •

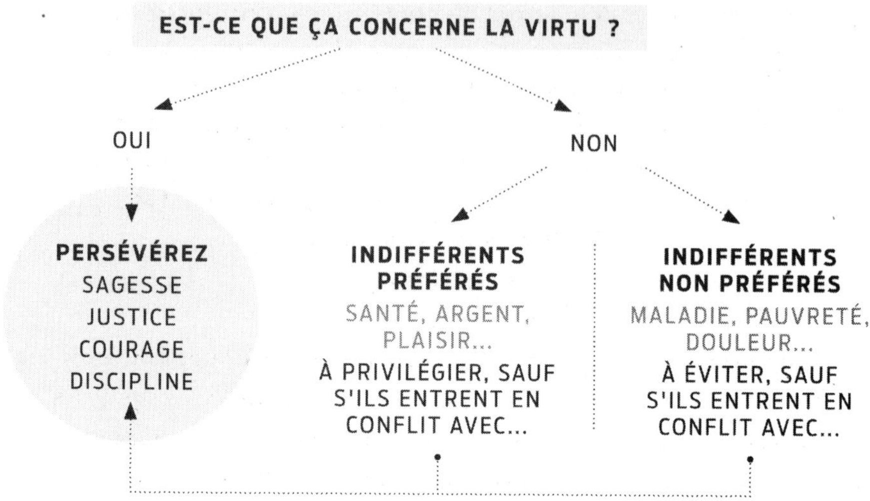

En somme, le stoïcisme nous enseigne que nos actions dépendent entièrement de nous – et cela suffit à renverser toute posture de victime. C'est une philosophie de la responsabilité, non pas de la plainte.

Si vous comprenez que rien d'externe ne peut réellement vous atteindre et que vous avez (ou que vous pouvez développer) les outils pour surmonter n'importe quel coup du sort, voire en ressortir plus fort, votre attitude face à la vie change radicalement. Vous pensez avec plus de clarté, vous agissez avec plus de détermination sur ce que vous pouvez contrôler et vous acceptez avec sérénité ce que vous n'avez pas le pouvoir de changer.

MODÉRATION ET SIMPLICITÉ

La modération est l'un des fondements du stoïcisme. Alors que les ascètes prônaient la privation permanente et que les épicuriens donnaient la priorité au plaisir, les stoïciens considéraient que la meilleure option était celle de la modération. La modération n'est pas seulement une vertu en soi, mais aussi une technique utile pour profiter du plaisir sans en devenir l'esclave.

Un enfant met sa main dans un pot à ouverture étroite où il y a des noisettes et des figues. Il en emplit sa main tant qu'elle en peut tenir, et, ne pouvant la retirer si pleine, il se met à pleurer : « mon enfant, laisses-en la moitié, et tu retireras ta main assez garnie ». Tu es cet enfant. Tu désires beaucoup et tu ne peux l'obtenir. Désire moins, et tu l'auras.

• ÉPICTÈTE •

Pour les stoïciens, vivre en accord avec la nature signifie exercer sa raison mais aussi profiter des plaisirs naturels. Les plaisirs naturels viennent satisfaire des besoins réels et, par chance, ils sont peu nombreux. Ils préconisent de faire coïncider la quête du plaisir avec ce qui nous procure du bien-être, en accord avec les lois de la nature.

Le problème, comme les stoïciens l'avaient déjà souligné, est que les êtres humains ont séparé le plaisir du besoin, en faisant du plaisir une fin en soi. Ce n'est pas toujours un mal de goûter aux plaisirs de la vie, mais sans modération, ils deviennent une source de souffrance.

Paradoxalement, faire preuve d'autocontrôle offre une satisfaction plus profonde et durable que la recherche effrénée du plaisir.

De plus, renforcer son mental et cultiver la maîtrise de soi procure déjà, en soi, une forme de satisfaction. Il n'y a rien de plus frustrant que de se sentir prisonnier de ses pulsions, manipulé par la paresse ou la gourmandise, comme une marionnette dépourvue de toute volonté propre.

C'est par l'âme qu'on est riche : ce trésor-là nous suit dans l'exil, dans les plus âpres solitudes. Il nous fait puiser en nous-mêmes, quand le corps a trouvé de quoi se soutenir, l'abondance et la satisfaction.

• SÉNÈQUE •

Il est important de préciser que maîtrise de soi n'est pas synonyme de privation. Nous devons exercer la modération dans tout ce qui est nécessaire, pas dans tout ce qui est possible. La vertu de la sagesse implique justement de savoir quand faire preuve de discipline et quand céder au plaisir.

Cette modération est liée aussi à une autre recommandation : la simplicité. Musonius Rufus, le maître d'Épictète, recommandait une alimentation simple et saine, facile à préparer et en quantité nécessaire pour le corps. Il proposait aussi de s'entraîner à tolérer l'inconfort, en se confrontant de temps en temps au froid et à la chaleur. Sénèque se baignait dans le Tibre en hiver et Marc Aurèle choisissait un lit dur lorsqu'il était en voyage. Socrate, considéré par beaucoup comme le père de la philosophie, préférait marcher pieds nus.

Marc Aurèle méprisait tout spécialement les sophistes, maîtres de la rhétorique. Selon lui, le discours sophiste n'était pas destiné à refléter la vérité, mais à se vanter. C'est de là que vient le terme *sophistication*, comme quelque chose qui s'éloigne de la simplicité et du naturel. Quand il fût empereur, Marc Aurèle réduisit le faste et l'ostentation, un geste apprécié par son peuple. Il utilisait généralement des vêtements simples, évitant de porter la toge impériale, et se vêtait comme n'importe quel autre citoyen lorsqu'il recevait d'importants invités. Cette modération faisait partie de ce que les stoïciens appelaient «vivre en accord avec la nature».

Selon Marc Aurèle, la différence entre les sophistes et les stoïciens est que les premiers discouraient pour obtenir des éloges, tandis que les seconds le faisaient pour dispenser un enseignement. Les premiers essayaient de créer une apparence, les seconds de décrire la réalité. Les uns utilisaient un langage émotionnel et complexe, les autres un langage objectif et clair. Ce n'est pas un hasard si les textes de Sénèque ou de Marc Aurèle nous paraissent encore pertinents aujourd'hui.

LA LIBERTÉ

Quant au troisième élément de notre être, le principe chef et maître, voici ce que tu dois en penser : « tu es vieux, ne souffre plus que ce principe soit jamais esclave, qu'il soit jamais lacéré par un instinct désordonné. Ne permets plus qu'il se révolte contre la destinée, ni contre un présent qu'il maudit, ou contre un avenir qu'il redoute ».

• MARC AURÈLE •

Nous avons tendance à penser que la liberté consiste à faire tout ce qui nous plaît à chaque instant, alors que, paradoxalement, il s'agit là peut-être de la pire forme d'asservissement. Lorsque nous plaçons nos désirs au-dessus de la raison, nous cessons de diriger notre vie et devenons les esclaves de nos impulsions.

Comme le disait Sénèque, *«Est libre quiconque n'est plus esclave de soi»*.

Pour les stoïciens, est esclave celui qui est enchaîné par ses passions et dominé par ses émotions. Sans maîtrise de soi, notre esprit devient une prison. Sans discipline, il n'y a pas de liberté.

Celui qui est contraint de fumer, de grignoter ou de céder à ses envies pour profiter de la vie n'est pas libre : il est soumis à ses désirs. Être libre, c'est pouvoir agir en suivant la raison, sans être esclave des impulsions qui sans cesse apparaissent.

Être libre, c'était être capable de préserver un esprit calme et maître de lui-même, quelles que soient les tempêtes du monde.

De la même manière qu'ils ne considéraient comme véritablement bon ou mauvais que ce qui dépend de nous, les stoïciens voyaient la liberté comme un choix intérieur – accessible à chacun, en tout lieu et en tout temps.

Épictète fut initialement un esclave, mais il ne s'identifia jamais comme tel. Il admettait que les autres avaient le contrôle sur son corps, mais il savait qu'ils ne pouvaient pas lui confisquer son libre arbitre.

Nous perdons notre liberté quand nous accordons une valeur excessive à des choses en dehors de notre contrôle. En domptant notre mental, nous atteindrons la liberté et nous nous libérerons de la souffrance émotionnelle.

Il vaut mieux mourir de faim, exempt de peine et
de crainte, que de vivre dans l'abondance et le trouble.

• ÉPICTÈTE •

Les stoïciens voyaient leur mental comme un feu ardent, capable de réduire en cendres tous les obstacles qui se dressaient sur leur chemin. Tout ce qui entravait leur action devenait un combustible et rien ne les dissuadait d'agir correctement. Pour eux, les obstacles ne sont rien d'autre qu'une opportunité d'exercer notre liberté.

En effet, l'intelligence renverse et déplace,
pour tendre au but qui la guide, tout obstacle
à son activité. Ce qui gênait cette action la favorise,
ce qui barrait ce chemin aide à progresser.

• MARC AURÈLE •

Le corollaire de cette conviction est que rien d'externe ne peut nous enlever notre liberté, puisque nous pouvons toujours choisir la manière dont nous répondons face à l'adversité. Si l'esclavage physique a été aboli, beaucoup d'entre nous restent limités par leurs peurs et leurs désirs : les entraves les plus tenaces sont celles que nous nous imposons.

Tu veux savoir pourquoi rien ne te soulage dans
ta triste fuite ! Tu fuis avec toi. Dépose le fardeau
de ton âme : jusque-là point de lieu qui te plaise.

• SÉNÈQUE •

Le monde moderne nous rend esclaves d'une liste infinie de plaisirs superficiels et de distractions futiles. La capacité de renoncer de manière ciblée au plaisir et de tolérer un certain niveau d'inconfort nous donne de la liberté. En ayant besoin de moins, vous êtes plus libre car le désir incontrôlé est une forme d'asservissement.

L'ATTENTION

Déplorables esprits que ceux que l'avenir tourmente, malheureux avant le malheur. En aucun temps ils ne seront calmes et dans l'attente du futur, le présent, dont ils pouvaient jouir, leur échappe. Nulle différence entre perdre une chose et trembler de la perdre.

• SÉNÈQUE •

Beaucoup d'individus passent la majeure partie de leur vie en «pilote automatique». Ils ne choisissent pas de manière consciente leurs pensées ni leurs actions, ils se laissent guider par l'inertie sociale et les réactions émotionnelles. Chaque jour, leur attention est absorbée par de fausses urgences. Le simple fait d'observer vos pensées et votre comportement vous rendra plus conscient de ce qui se passe dans votre mental. C'est précisément l'objectif d'un processus que les stoïciens appellent ***prosochē*** (προσοχή), ou *pleine conscience*, avec trois bénéfices clairs :

— Diriger notre attention, c'est reprendre les rênes de notre vie. En choisissant où porter notre regard, nous affinons nos pensées, orientons nos actions et avançons avec clarté vers ce qui compte vraiment.
— Se centrer sur le moment présent évite une grande partie de la souffrance émotionnelle causée par les souvenirs du passé ou les incertitudes du futur.
— Se concentrer sur le moment présent aide à tolérer l'adversité.

En premier lieu, l'attention est comme une lampe qui éclaire notre esprit et nous permet d'observer des pensées dont nous n'avions pas conscience auparavant. En y prêtant attention, nous serons capables d'observer comment l'envie de manger surgit lorsque notre niveau de stress augmente et nous pourrons intervenir avant que le désir ne devienne incontrôlable.

Comprendre pourquoi nous faisons ce que nous faisons est la première étape pour améliorer notre comportement. Sans maîtrise de soi, nous ne sommes que des marionnettes, sans cesse tiraillées par les fils de nos impulsions inconscientes.

Comme le reconnaissaient les stoïciens, ce n'est pas une technique infaillible, mais elle peut s'avérer utile dans de nombreuses situations.

Il est impossible que je ne commette pas des fautes,
mais il est très possible que j'aie une attention
continuelle pour m'empêcher d'en commettre.

• ÉPICTÈTE •

Deuxièmement, le *prosochē* est comparable à la fameuse pleine conscience du bouddhisme (ou *mindfulness*). Comme nous l'avons vu avec la dichotomie du contrôle, le passé comme le futur sont hors de notre contrôle, d'où l'importance de nous concentrer sur ce que nous pouvons changer : ce qui est juste devant nous. Le présent est l'unique intervalle de temps sur lequel nous pouvons agir.

Partout et sans cesse il dépend de toi de faire bon
accueil à la conjoncture présente, de te comporter
suivant la justice avec les hommes présents et
de contrôler soigneusement l'idée présente, afin
qu'il ne s'y glisse rien que tu n'aies bien saisi.

• MARC AURÈLE •

De la même manière que les choses que nous désirons ne nous donnent pas autant de satisfaction au moment où nous les obtenons que ce que nous avions imaginé, rêver du futur nous fait perdre de vue la satisfaction du présent. L'anticipation de ce qui pourrait advenir nous empêche de profiter de ce qui est. Se focaliser sur le présent est l'antidote contre les remords du passé et l'anxiété causée par un futur incertain. Évidemment, nous agissons dans le présent en nous appuyant sur les enseignements appris dans le passé et dans le but d'atteindre nos objectifs futurs. Cependant, nous devons nous affranchir de la culpabilité issue des erreurs commises dans le passé et nous libérer des peurs liées à l'incertitude du futur.

Et souviens-toi encore que chacun ne vit que le présent,
cet infiniment petit. Le reste, ou bien il est déjà vécu,
ou bien est incertain.

• MARC AURÈLE •

En dernier lieu, se concentrer sur le présent est aussi une stratégie efficace pour surmonter l'adversité. Tout devient plus tolérable si nous le voyons comme une succession de moments qui viennent et s'en vont, au lieu de penser notre situation comme étant immuable et permanente.

À chacune des épreuves présentes demande-toi :
qu'y a-t-il là d'insupportable et d'intolérable ?

• MARC AURÈLE •

Marc Aurèle est considéré comme l'un des meilleurs empereurs de Rome, mais il n'eût pas que des années faciles. Une multitude de fléaux décimèrent la population durant son règne. Les armées ennemies étaient aux frontières de l'empire. Il fut contraint de passer de longues périodes loin de Rome, engagé dans de nombreuses campagnes militaires. Sa vie n'était pas celle d'un philosophe retiré dans la tranquillité, mais bien celle d'un homme d'action, constamment confronté à des défis. Pour faire face à cette réalité exigeante, il puisait dans la philosophie stoïcienne des stratégies précieuses. L'une des plus puissantes consistait à ramener sans cesse son esprit à l'instant présent et à se concentrer uniquement sur la prochaine bonne action à accomplir.

Si tu accomplis la tâche présente suivant la droite raison, avec zèle, vigueur, bonne humeur et sans préoccupation accessoire ; si tu y joins cette condition de ne rien attendre ni rien éviter ; s'il te suffit de l'action présente conforme à la nature et, dans tous tes moindres propos, de la sincérité héroïque, alors tu vivras heureux.

• MARC AURÈLE •

C'est une manière de dire que nous tolérons l'adversité un moment à la fois, un pas après l'autre. Si vous êtes capable de supporter cet instant, alors vous serez capable de supporter le suivant. La vie se vit un moment à la fois – et chaque moment surmonté renforce votre force intérieure.

Comme nous le verrons tout au long du livre, le *prosochē* est un pilier du stoïcisme.

— COMMENT SE COMPORTE UN STOÏCIEN ? —

Et si tu vois un homme que n'épouvantent point les périls, pur de toute passion, heureux dans l'adversité, calme au son des tempêtes, qui voit de haut les hommes et à son niveau les dieux, tu ne seras point pénétré pour lui de vénération ?

• SÉNÈQUE •

A partir de tout ce que nous avons vu jusqu'à présent, nous pourrions dire qu'un stoïcien a une vision objective de lui-même et du monde qui l'entoure. Il pense avec clarté et agit de manière rationnelle. Il sait ce qui est sous son contrôle et ce qui ne l'est pas, il se concentre sur ce qu'il peut changer.

Il est confronté à ses pulsions comme les autres, mais il est capable de les dompter pour éviter de se laisser dépasser. Il prête attention au détail, mais il ne se laisse pas distraire par des choses insignifiantes. Il apprend du passé et évalue l'impact de ses actions dans le futur, mais il ne s'attache pas aux émotions négatives produites par les expériences vécues et ne ressent pas d'anxiété pour ce qui est à venir.

Il considère les choses externes comme indifférentes, mais il comprend que certaines d'entre elles sont préférables et il s'efforce de les atteindre. Il travaille dur pour atteindre ses objectifs, mais il comprend que les résultats ne dépendent pas toujours de lui.

Il n'agit pas en fonction de l'argent ou de la renommée, mais sa clarté d'esprit et sa discipline augmentent la probabilité qu'il finisse par obtenir les deux. Si cela arrive, il ne s'y refusera pas, mais il ne cherchera pas non plus à s'y accrocher. Son état émotionnel demeure égal si le destin lui reprend ce qu'il lui a donné un jour. Il profite avec modération des plaisirs de la vie, mais il n'en devient pas l'esclave.

Il s'implique dans la vie sociale, mais il maintient une certaine distance vis-à-vis des événements sans importance. Il valorise la compagnie des autres, mais il s'épanouit aussi dans la solitude.

Il ne cherche pas les difficultés, mais il les traverse avec sérénité. Il sait que le mental, comme le physique, a besoin de défis pour se fortifier. Il voit chaque obstacle comme une opportunité pour apprendre et s'améliorer.

— LE STOÏCISME POUR LES LEADERS —

L'empire sur soi-même est le plus grand de tous les empires.

• SÉNÈQUE •

Cet ouvrage n'approfondit pas les aspects de leadership, mais il est évident que si vous développez des qualités stoïciennes, vous serez un meilleur leader.

Comment serait un leader stoïque ? Il a confiance en lui sans être arrogant. Il fait preuve de courage sans prendre de risques inutiles. Il essaie de gagner, mais il sait perdre. Il est assertif mais pas agressif. Il est honnête mais pas naïf. Il dit ce qui doit être dit, sans parler plus que nécessaire. Il ressent des émotions, mais il sait garder son calme dans n'importe quelle situation. Il cultive les relations avec son équipe, mais il ne laisse pas les relations personnelles interférer avec ses décisions.

Ce n'est pas un hasard si beaucoup de stoïciens ont accédé à des postes de pouvoir, en gouvernant des empires ou en développant des écoles de philosophie. Un bon stoïcien est un bon leader.

— LES STOÏCIENS N'EXISTENT PAS —

Il faut se proposer un but de perfection vers lequel tendent nos efforts et qu'envisagent tous nos actes, toutes nos paroles, comme le navigateur a son étoile pour le diriger dans sa course. Vivre sans but, c'est vivre à l'aventure.

• SÉNÈQUE •

S'il vous semble que tout ce qui précède relève de la fiction, vous avez raison. Le vrai stoïcien n'existe pas, c'est seulement un idéal, un modèle auquel se comparer. Les stoïciens se référaient à cet idéal en tant que ***sophos*** (σοφός), le *sage*, et ceux qui poursuivaient cet idéal était appelés les *philosophes*, ceux qui s'efforcent d'acquérir la connaissance, la sagesse. Dans les moments difficiles, les stoïciens songeaient à cette figure idéalisée en se demandant ce que ferait une personne sage à leur place.

Nous ne deviendrons sans doute jamais des stoïciens parfaits. Mais c'est en tendant vers cet idéal que nous progressons.

Le fait même qu'il soit inatteignable nous rappelle de ne pas nous juger avec dureté lorsque nous échouons. Il nous suffit d'apprendre de nos erreurs et de choisir consciemment une meilleure voie à suivre.

Nous ne cherchons pas la perfection, mais le progrès. Enfin, même si cette philosophie finit par vous aider dans la vie, ne vous présentez pas aux autres en tant que stoïcien. Le stoïcisme se vit à l'intérieur. Comme le disait Épictète : *«Ne parle pas maximes devant ceux qui ne sont pas philosophes ; fais plutôt ce que les maximes prescrivent»*.

— LES ARMES DU STOÏCIEN —

Le stoïcisme n'est pas une simple philosophie théorique, mais une série d'enseignements et d'outils pratiques. Les stoïciens faisaient régulièrement des analogies avec le combat et la lutte. Marc Aurèle disait même que *«L'art de vivre ressemble plutôt à la lutte qu'à la danse»*.

Bien que Marc Aurèle passât une bonne partie de sa vie en menant des guerres contre une multitude d'ennemis, il affirmait que la bataille la plus importante était celle que nous livrons constamment à l'intérieur de nous. Il était convaincu qu'aucun ennemi ne pouvait nous faire autant de mal que nous-mêmes. C'est pourquoi il voyait dans la maîtrise de soi une nécessité absolue.

Le *Manuel* d'Épictète pourrait être envisagé comme un véritable arsenal mental pour faire face à des situations difficiles (les stoïciens employaient d'ailleurs le terme de *armamentarium*). Les lettres de Sénèque peuvent être considérées comme des thérapies pour différents traumatismes ou dilemmes : elles nous expliquent comment surmonter la peur, utiliser le temps à bon escient ou faire face au deuil.

Mon intérêt pour le stoïcisme vient précisément des bons résultats obtenus en appliquant les outils pratiques de cette philosophie dans ma vie, tant de manière préventive que corrective.

Par la suite, j'ai découvert que ces techniques sont aujourd'hui validées par la science et qu'elles servent de base aux thérapies cognitivo-comportementales actuelles, une approche psychologique particulièrement efficace.

Cependant, il n'est pas facile d'acquérir ces outils en lisant simplement les classiques, car les écrits sont dispersés sans ordre ni connexion dans de nombreux textes différents. Dans cet ouvrage, j'ai essayé de présenter les outils les plus puissants et de les expliquer de manière pratique, en mettant l'accent sur le processus de changement.

Si une seule de ces techniques vous aide dans votre vie quotidienne, cela compensera largement l'achat de ce livre. Mais si vous êtes comme la plupart des gens, vous trouverez de la valeur dans bon nombre d'entre elles. En les appliquant, vous remarquerez une amélioration significative dans votre mentalité et votre comportement, et donc dans vos résultats.

Toutefois, ne vous attendez pas à des changements profonds en appliquant ces techniques de temps en temps. Tout comme les programmes d'entraînement ne transforment votre corps que si vous êtes constant sur la durée, cet arsenal mental ne vous aidera vraiment que si vous le pratiquez régulièrement. Vos habitudes et vos réponses automatiques se sont renforcées après des années de répétition et adopter des réponses plus appropriées nécessitera de la pratique et de la détermination.

Épictète nous enseignait que la philosophie ne doit pas être utilisée uniquement en cas de crise, comme un médicament, mais adoptée chaque jour, comme une lotion protectrice. C'est dans la régularité de sa pratique que l'esprit devient plus résilient et que la sagesse s'enracine.

Le stoïcisme n'est pas un objet d'étude, c'est une philosophie qui se pratique jour après jour.

— LA THÉRAPIE COGNITIVO-COMPORTEMENTALE —

Les anciens stoïciens étaient de bons psychologues. Même s'ils ne connaissaient pas la complexité chimique ou neurobiologique du cerveau, ils maîtrisaient la question de la nature humaine. Ils comprenaient intuitivement la relation entre les pensées, les émotions et les actes et ils ont développé des techniques concrètes pour améliorer chacun de ces aspects.

Malheureusement, une grande partie de leurs enseignements s'est perdue au fil des siècles. Et ce n'est qu'avec l'émergence bien plus tardive de la psychologie comme discipline scientifique que l'on a commencé à les redécouvrir.

Pendant plusieurs décennies, la psychologie a tâtonné, influencée par des hypothèses incertaines et des approches analytiques dont l'efficacité restait limitée.

À partir des années cinquante, des psychologues comme Aaron Beck et Albert Ellis, déçus de l'inefficacité des approches classiques, cherchèrent une alternative. Ils voulaient développer des thérapies à même d'apporter des améliorations pratiques et mesurables. Ils s'étaient nourris des idées stoïciennes et étaient convaincus qu'elles pouvaient servir de fondement à une nouvelle approche.

Ils avaient compris que la plupart des problèmes de leurs patients provenaient des pensées automatiques négatives aussi bien sur eux-mêmes que sur le monde en général ou sur l'avenir. Ces pensées biaisées entraînaient des émotions disproportionnées, qui à leur tour provoquaient des comportements aux conséquences néfastes. En apprenant à leurs patients à identifier ces pensées et à questionner leurs réponses automatiques, ils pouvaient les aider à améliorer leurs décisions.

Nos pensées, nos croyances et nos émotions représentent une sorte de lentille à travers laquelle nous voyons le monde. En changeant cette lentille, nous changeons notre vision du monde. Au contraire de ce que prédisaient certains courants modernes, l'objectif n'est pas de mettre des lentilles roses et penser que tout ira pour le mieux. L'optimisme invétéré est aussi dévastateur que le pessimisme irrationnel car, en règle générale, se duper soi-même ne fonctionne pas. Nous aspirons à voir la réalité avec lucidité, tout en reconnaissant que certaines perspectives sont plus utiles que d'autres pour guider nos pensées et nos actions.

Qu'il survienne du dehors tel accident :
celui qui en aura été affecté, s'il le veut,
n'a qu'à se plaindre. Mais moi, si je n'ai pas
l'opinion que cet accident est un mal, je n'ai
encore subi aucun dommage. Or je puis
m'abstenir d'avoir cette opinion.

• MARC AURÈLE •

La base des thérapies cognitivo-comportementales repose sur l'interconnexion entre les pensées, les émotions et les actes. Nos pensées conditionnent nos émotions et nos actes. À leur tour, les émotions influencent nos pensées et notre comportement. Enfin, nos actions impactent nos pensées et nos émotions.

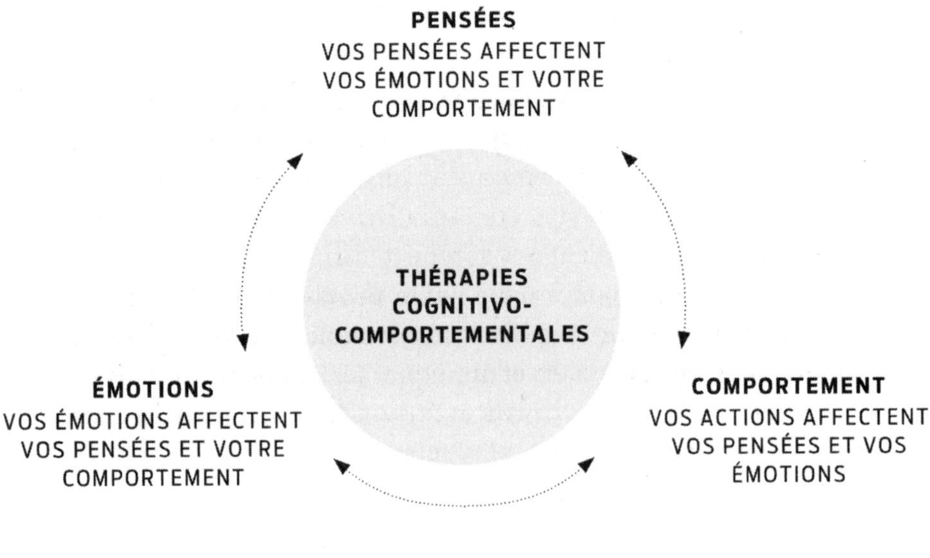

Pour commencer, ce modèle nous aide à décomposer nos problèmes en éléments plus simples, ce qui nous permet de prendre conscience de chaque composante pour mieux les résoudre.

De plus, il apporte des outils pour questionner nos émotions et nos croyances en réduisant leur charge négative. Cela nous aide à remplacer des comportements problématiques par d'autres comportements plus constructifs.

Si vous avez une phobie, votre réflexe sera d'éviter ce qui la provoque. Mais fuir n'éliminera jamais la peur : cela ne fera que la renforcer.

Vous devez vous exposer de manière graduelle à vos peurs. Le changement passe par l'inconfort. Si vous voulez aller mieux, vous devez accepter de ne pas vous sentir bien tout de suite.

Si vous essayez d'anesthésier cette peur avec de l'alcool, alors vous n'avez plus un problème mais deux : la peur et l'addiction. Les choses qui vous procurent du répit à court terme peuvent augmenter vos problèmes à long terme.

Pourquoi ce nom de « cognitivo-comportemental » ? « Cognitif» se réfère à tout ce qui se passe dans le mental, depuis les pensées jusqu'aux croyances en incluant votre capacité d'attention. Ce qui est de nature «comportementale» est lié à vos actes, que ce soit par vos actions ou par vos évitements.

Ces thérapies nous apprennent à prendre de la distance vis-à-vis de nos pensées, en observant ce qui se passe dans notre mental, comme si nous étions des observateurs extérieurs en train d'observer la manière dont se forment nos pensées et dont nous réagissons.

Attention : si vous souffrez d'un problème psychologique sérieux, vous devriez consulter un psychologue. Mais dans la majorité des cas, connaître et appliquer les outils inclus dans ce livre vous aidera à mieux comprendre votre mental pour améliorer votre comportement et vos résultats.

— LE PROCESSUS —

Il n'y a pas de méthodologie concrète pour organiser tous les concepts stoïciens et les appliquer dans notre processus de changement, mais les chapitres suivants du livre se basent sur les trois grandes pratiques stoïciennes proposées par Épictète :

1. **La pratique de la perception** - Pour améliorer la connaissance de notre vie intérieure et du monde extérieur.
2. **La pratique de l'action** - Pour comprendre les décisions que nous prenons et la manière dont nous agissons, en évitant de nous laisser déconcentrer par la procrastination ou la peur.
3. **La pratique du contrôle** - Pour répondre de manière adéquate à l'adversité et à ce que nous ne pouvons pas changer. Cela nous permet de vaincre le désir et la tentation.

Pour rendre ces pratiques plus compréhensibles et plus facilement applicables, elles sont développées en trois parties : *Visualiser avec clarté*, *Agir avec détermination*, *Résister avec discipline*. Bien qu'elles soient présentées de manière séquentielle, elles représentent en réalité un cycle constant. Vous allez apprendre à mesure que vous agissez, vous gagnerez ainsi en clarté mentale et vous pourrez ainsi améliorer vos actions et surmonter les obstacles futurs.

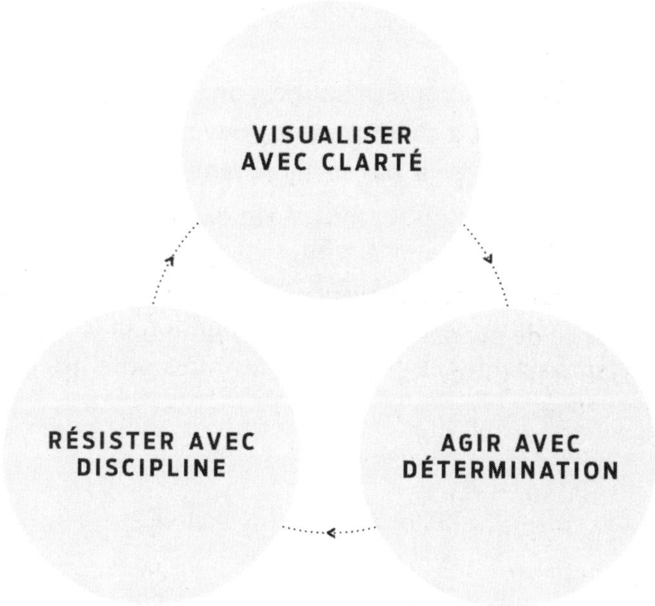

— VISUALISER AVEC CLARTÉ —

Notre perception change selon l'angle depuis lequel nous observons. Les stoïciens nous encourageaient à voir les choses sous différents angles pour obtenir une vision de plus en plus objective.

Cette capacité d'observation est un aspect fondamental de la sagesse, considérée généralement comme la vertu la plus importante.

Vous apprendrez à mieux vous connaître, mais aussi à mieux comprendre le monde qui vous entoure. Vous prendrez le temps de réfléchir à vos problèmes et définir les objectifs qui comptent vraiment pour vous. Vous découvrirez des techniques pour apprendre à identifier les émotions négatives, comme l'anxiété ou la colère, et vous saurez les contrôler avant qu'elles ne provoquent des dégâts. Seul un mental en paix peut envisager la réalité avec clarté. La perception précède l'action, et l'action correcte suit la perception correcte.

— AGIR AVEC DÉTERMINATION —

La vision sans action est inutile : une fois que nous avons identifié la direction à prendre, nous devons passer à l'action. Beaucoup de gens n'osent pas sortir de leur monde intérieur (celui des plans et des projets) pour explorer le monde extérieur (celui des actes). Mais sans action, rien ne change.

Vous développerez les outils pour vaincre les principaux ennemis de l'action, comme la procrastination et le manque de temps. Vous franchirez les étapes nécessaires pour atteindre les objectifs définis.

— RÉSISTER AVEC DISCIPLINE —

Aucun chemin vers le succès ne sera dépourvu de difficultés. Comme disaient les stoïciens, les obstacles font partie du chemin. Dans cette partie, vous développerez un véritable arsenal mental pour affronter l'adversité, surmonter les épreuves et résister aux tentations.

Vous apprendrez à accepter ce que vous ne pouvez pas changer, libérant de l'énergie mentale pour gérer ce qui dépend vraiment de vous.

Évidemment, ceci est un cycle itératif. A mesure que vous avancerez sur votre chemin, vous en apprendrez davantage sur vous et sur vos objectifs. Vous cernerez plus précisément les obstacles et les tentations qui vous en détournent. Cette information vous donnera plus de clarté et vous permettra d'ajuster à nouveau vos actions pour continuer d'avancer.

S'améliorer n'est jamais facile. Cela exige de l'effort, de la concentration et de la persévérance. Mais c'est un chemin qui en vaut la peine : il mène à une meilleure compréhension de soi, à moins d'autosabotage, plus de patience, moins d'irritation, plus de choix conscients, moins de tentations impulsives, plus de clarté, moins d'anxiété.

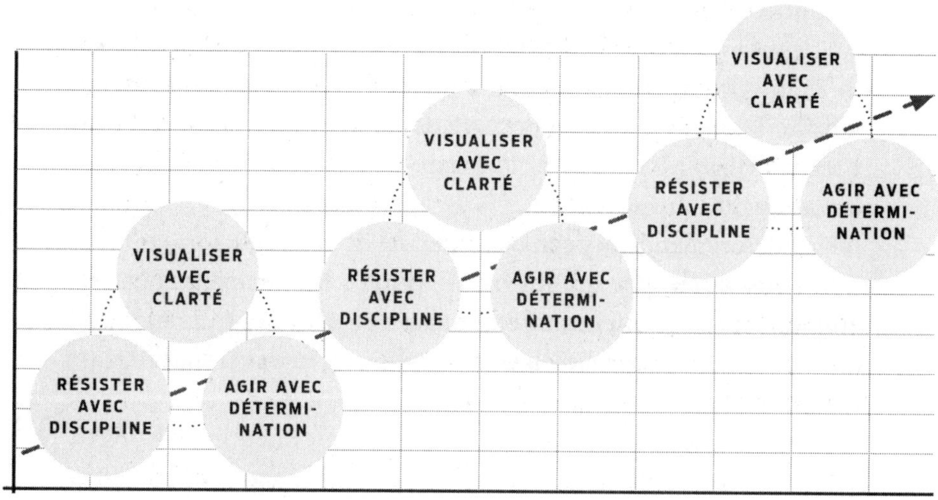

— CHOISIR SON CHEMIN —

Que serait devenu Hercule, à ton avis, sans ce lion, cette hydre ? Qu'aurait-il fait si rien de tout ça n'avait existé ? Il est clair qu'il se serait roulé dans sa couverture pour y dormir. Si Hercule avait passé toute sa vie à somnoler ainsi dans une existence aussi molle et tranquille, il n'aurait pas été Hercule.

• ÉPICTÈTE •

Les stoïciens utilisaient la figure d'Hercule comme source d'inspiration et d'enseignement. Ils encourageaient leurs élèves à réfléchir aux personnes qu'ils souhaitaient devenir et aux objectifs qu'ils cherchaient à atteindre. Il semblerait que Zénon lui-même, fondateur du stoïcisme, décida d'étudier la philosophie en lisant le récit d'un moment décisif dans la vie de ce demi-dieu héroïque.

Selon la légende, Hercule se trouvait à un carrefour, réfléchissant à son destin, hésitant sur le chemin à emprunter. C'est alors que deux déesses lui apparurent. L'une d'elles, nommée Kakia, lui promit un chemin facile, jalonné de plaisirs. Il n'aurait pas à affronter de dangers ni à faire d'efforts et pourrait vivre du travail des autres. Puis l'autre déesse, nommée Arété, s'approcha de lui et lui expliqua que le chemin qu'elle proposait serait long et difficile, plein de dangers et de défis. *«Rien de vraiment bon et admirable n'est offert par les dieux aux humains sans effort et dévouement»*, lui dit-elle.

Mais ces défis lui permettraient de développer son courage et sa sagesse, en menant des batailles avec détermination et discipline. C'est seulement de cette manière qu'il pourrait vraiment atteindre un bonheur durable (*eudaimonia*), en développant tout son potentiel.

Comme nous le savons, Hercule choisit le chemin de la vertu (*aretê*) en accomplissant sans relâche les célèbres douze travaux. Il utilisa chaque obstacle pour s'améliorer et apprendre. Après sa mort, l'omni-puissant Zeus resta si impressionné par son courage exemplaire, qu'il l'éleva au rang de divinité.

Les stoïciens utilisaient cette fable comme métaphore de ce qu'est réellement une bonne vie pour eux. Il est plus honorable de relever les défis dans la poursuite de quelque chose qui en vaut la peine, plutôt que de rechercher une vie facile et confortable, qui, à la longue, affaiblit notre corps et notre esprit. La quête de plaisirs éphémères ne sera jamais le chemin vers l'*eudaimonia*. Beaucoup confondent plaisir et bonheur. Pourtant, le vrai bonheur naît de l'accomplissement personnel, et cela demande de l'effort, du temps et de l'engagement.

La légende d'Hercule symbolise la décision que vous devez prendre chaque jour concernant votre vie. Vous devez décider qui vous voulez être et ce que vous êtes disposé à faire pour y parvenir. Recherchez-vous une vie sans sacrifice ou une vie dotée d'un sens ? Choisissez-vous le chemin facile, ou le chemin difficile ? Si vous faites le second choix, alors vous pouvez poursuivre votre lecture.

PARTIE 2

VISUALISER AVEC CLARTÉ

La constitution de l'être raisonnable comporte qu'il ne soit ni prompt à juger ni facile à tromper. Donc que ton guide intérieur, s'attachant à ces privilèges, suive droit son chemin et il possède ce qui est à lui.

• MARC AURÈLE •

Nous croyons que nous sommes des êtres rationnels et que nous avons le contrôle sur nos décisions, mais ce n'est pas le cas. Nos comportements sont influencés par nos pensées et nos émotions qui s'immiscent dans notre processus de prise de décision, sans que nous en ayons conscience. Nos premières impressions sont généralement cohérentes avec la réalité, mais pas toujours. Et plus notre vision de la réalité est déformée, plus nous prendrons de mauvaises décisions. C'est comme essayer d'arriver à destination en s'aidant d'une carte floue.

La première étape pour gagner en clarté, c'est de devenir plus conscient de ce qui se passe dans notre esprit. C'est seulement en rendant visible ce qui est invisible que nous pourrons changer. Nous pourrons ainsi mieux évaluer si nos croyances et nos réponses automatiques nous aident ou si elles nous entravent.

— COMPRENDRE LE CERVEAU —

Nous avons tendance à confondre nos pensées avec des faits, en partant du principe que nos impressions reflètent fidèlement la réalité. C'est évidemment faux : deux personnes peuvent interpréter le même événement de manière très différente. Les stoïciens savaient que nous ne réagissons pas directement aux événements, mais seulement à l'interprétation que nous en faisons. Ils insistaient sur la nécessité de questionner nos premières impressions et d'éviter de se forger une opinion trop rapidement. Pour prendre une bonne décision, nous devons différer nos jugements de valeur.

Les stoïciens étaient aussi conscients du pouvoir du langage. Ils avaient compris que la réponse émotionnelle de l'interlocuteur varie selon les mots employés. Ils proposaient donc d'être précis et objectifs avec les termes que nous utilisons, en nous limitant à décrire la réalité sans ajouter rien de plus. Au lieu de penser «*Cette situation est grave*», pensez plutôt «*Il s'est passé quelque chose et ma première impression est que c'est grave*». La seconde option vous donne une plus grande distance et vous permet d'observer la réalité avec plus de recul.

Par exemple, si vous cassez un verre, pensez simplement «*Le verre s'est cassé*» au lieu de «*J'ai encore cassé un verre ! Je suis incapable de faire quoi que ce soit !»*. La première formulation est un fait objectif, la seconde est un jugement de valeur, qui en plus est probablement faux et donc inutile, voire nocif.

Les stoïciens appelaient ces *interprétations* des ***phantasia*** (φαντασία) : avant de les accepter, nous devons les questionner en les traitant comme des hypothèses et non comme des faits.

En examinant nos premières impressions, nous pouvons les modifier, en adoptant ainsi une perspective plus productive de nous-mêmes et du monde qui nous entoure. En faisant preuve de discernement, votre réponse sera plus adéquate.

Ainsi, à toute idée rude, exerce-toi à dire aussitôt : « tu es une idée, et tu n'es pas tout à fait ce que tu représentes ». Puis examine-la, applique les règles que tu sais, et d'abord et avant toutes les autres celle qui fait reconnaître si quelque chose dépend ou ne dépend pas de nous. Et si l'idée est relative à quelque chose qui ne dépend pas de nous, sois prêt à dire : « cela ne me regarde pas ».

• ÉPICTÈTE •

Les impressions qui ne sont pas soumises au tamis du recul alimentent des émotions disproportionnées. C'est pourquoi il est essentiel de prendre l'habitude de les analyser avec rigueur.

Épictète nous recommandait de nous imaginer comme étant les gardiens d'une forteresse. De la même manière que nous ne donnerions pas accès à n'importe qui ou à des personnes qui viendraient avec de mauvaises intentions, nous ne devrions jamais laisser entrer dans notre forteresse mentale et affective des émotions négatives qui peuvent nous blesser.

Nous croyons que les émotions sont des réponses directes à ce qui nous arrive, mais ce n'est pas vrai. Entre l'événement et l'émotion, il y a une interprétation automatique, un filtre inconscient qui conditionne notre réponse.

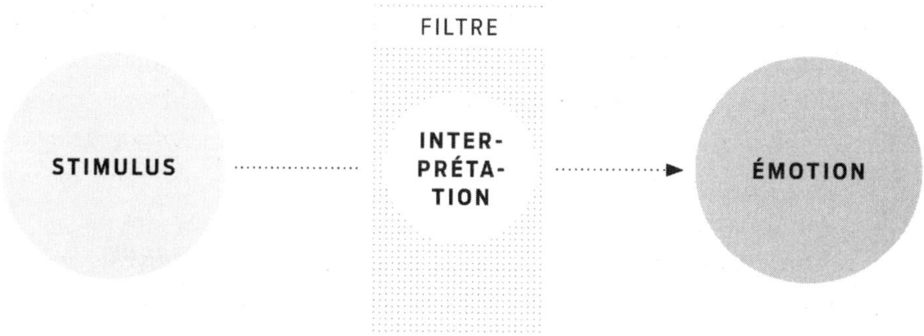

Ce filtre est en partie inné, mais il se modifie tout au long de la vie selon nos expériences, nos croyances et nos principes. Par exemple, face au même chien (face à un même stimulus extérieur), une personne pourrait ressentir de la joie, une autre de l'indifférence et une troisième de la peur. La raison est que le filtre de la première personne inclut des associations positives avec le chien (les chiens sont affectueux) alors que le filtre de la troisième personne possède des croyances négatives (les chiens sont dangereux), peut-être à cause d'une mauvaise expérience dans le passé.

En analysant nos filtres, nous pouvons mieux comprendre et même modifier certaines de nos réponses et de nos croyances. En modifiant nos croyances, nous changerons les émotions qui surgissent face à des événements extérieurs. Dans tous les cas, l'apparition de l'émotion est seulement la première étape.

Nous pensons aussi que l'apparition d'une émotion occasionne nécessairement une réaction, comme éviter le chien, mais ce n'est pas non plus systématique. Entre l'émotion et la réponse, nous pouvons incorporer un sas de réflexion qui nous donne l'opportunité de questionner l'émotion et de réguler de manière adéquate notre réponse.

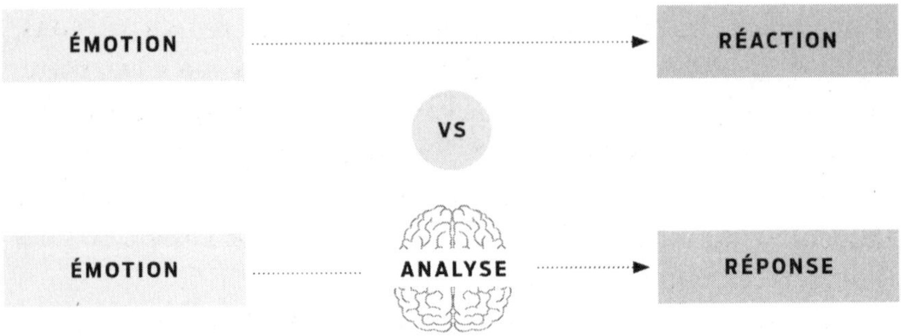

De cette manière, nous passons d'une réaction émotionnelle à une réponse rationnelle. Les répercussions sur notre vie intérieure et notre équilibre mental seront considérables.

Comment pouvons-nous incorporer cet espace de réflexion ? En accordant constamment une pleine et entière attention à nos émotions et à nos sensations. C'est ce que les stoïciens appelaient *prosochē*, qui pourrait être traduit par *pleine conscience*.

En étant plus attentif, vous commencerez à prendre conscience de cet espace de réflexion qui offre l'opportunité de questionner chaque impression et vous permettra de modifier votre réponse. Beaucoup de personnes recourent par exemple à la nourriture comme réponse à des sentiments d'anxiété ou n'importe quel autre type de mal-être émotionnel. Ce que nous répétons se renforce et, avec le temps, cette réaction s'automatise. En se forçant à faire cette «pause stoïque» face à l'émotion qui nous incite à manger, nous convertissons un processus inconscient en un processus conscient.

Ceci nous donne l'opportunité de développer de nouvelles stratégies pour faire face à la faim émotionnelle, en passant d'une réaction automatique à une réponse raisonnée. Comme pour n'importe quelle aptitude, développer cette attention requiert de la pratique. Vous devez rester attentif et surveiller l'apparition des émotions négatives, en notant les changements physiques ou les sensations qui les accompagnent. En détectant les émotions de manière précoce, vous pourrez les empêcher de vous nuire.

En pratiquant les techniques proposées dans ce livre, vous pourrez améliorer votre capacité à dissocier le stimulus de votre réponse. Vous comprendrez alors les filtres mentaux et les pensées automatiques qui déclenchent des émotions négatives, et vous éviterez que ces émotions vous fassent réagir de manière inconsciente. Comme diraient les stoïciens, vous cesserez d'être un esclave manipulé par vos impulsions.

En résumé, le stoïcisme nous incite à analyser nos pensées et nous aide à être plus conscient de ce qui se joue dans notre mental. Mais cette prise de conscience est seulement la première étape. Une fois que nos pensées automatiques et les émotions qu'elles font surgir ont été identifiées, nous devons développer la capacité de les modifier. Pour cela, les stoïciens ont articulé une multitude de techniques spécifiques, que nous passerons en revue progressivement.

Il est important de préciser que dans la réalité, le processus n'est pas toujours aussi linéaire. Les émotions, les pensées et les comportements s'influencent mutuellement dans un cycle continu.

De fait, le stimulus initial n'est pas forcément quelque chose d'externe et il pourrait même s'agir d'une simple pensée qui provoque une émotion. D'un point de vue pratique, le plus important est de comprendre que nous pouvons intervenir à différents moments du processus, ce qui nous permet de gagner en tranquillité mentale et d'améliorer nos décisions.

MAÎTRISER SES ÉMOTIONS

Est libre quiconque n'est plus esclave de soi.

• SÉNÈQUE •

Nos ancêtres vivaient entourés de menaces qui, la plupart du temps, exigeaient une réponse immédiate : lutter ou fuir. Ces réactions automatiques sont généralement contre-productives dans le monde moderne. D'abord, elles vous aveuglent et vous poussent à mal agir. Ensuite, elles font de vous une proie facile pour ceux qui cherchent à vous manipuler, vous provoquer ou vous vendre ce que vous n'auriez jamais voulu sans l'apparition de ces émotions.

Pour ces raisons, les stoïciens recommandaient de questionner nos premières perceptions et de ne pas faire confiance à nos émotions. Ce n'est pas parce qu'une chose vous fait du bien qu'elle vous est bénéfique. Ce n'est pas parce qu'une autre vous effraie que vous devez l'éviter.

L'objectif final est d'agir selon ses principes, pas selon ses émotions.

D'aucuns confondent la maîtrise émotionnelle avec de l'indifférence ou de la froideur. Pourtant, c'est souvent le contraire qui se produit : plus nous sommes capables de réguler nos émotions, plus nous devenons présents, lucides et bienveillants. Ce ne sont pas nos émotions saines qui blessent les autres, mais bien celles qui sont amplifiées, mal dirigées ou non examinées – la colère qui explose sans raison, la jalousie qui empoisonne, l'envie qui nous obsède.

Nous ne pourrons avoir de bonnes relations avec les autres que si nous entretenons une bonne relation avec nous-mêmes.

Cela étant dit, n'oublions pas non plus que derrière chaque émotion il y a généralement une leçon, un message auquel nous devons être attentifs. C'est bien pour cela que les stoïciens ne préconisaient pas d'ignorer les émotions mais, bien au contraire, de les écouter puis de les envisager avec calme et sans réagir de manière excessive.

Par exemple, face à la même sensation de faim, deux personnes peuvent expérimenter un dialogue interne très différent :

- *"Je meurs de faim ! Il faut absolument que je mange quelque chose tout de suite !"*
- "Je sens que j'ai faim mais c'est tolérable. J'aimerais bien manger, mais je sais que je peux encore tenir quelques dizaines de minutes jusqu'au repas."

D'après vous, qui a la plus grande probabilité de suivre son régime ? Un des objectifs du stoïcisme est de comprendre le rôle que joue notre mental dans la distorsion de notre perception et l'alimentation de notre propre souffrance.

Rappelez-vous que le monde est insensible à vos émotions, il répond uniquement à vos actions. Si vos actions sont guidées par des émotions biaisées, vos résultats ne seront pas ceux que vous espériez. Réguler de manière adéquate les émotions, en particulier celles que les stoïciens appelaient les «passions», est la condition nécessaire pour atteindre la clarté mentale et agir de manière rationnelle.

De plus, les émotions sont source d'énergie et il convient de les canaliser vers des tâches productives, plutôt que de les laisser nous emporter. Pour ce faire, nous devons ajuster nos croyances et nos interprétations, en apprenant à débattre avec nos émotions.

Nous passerons en revue les principales émotions négatives qui causent de la souffrance et contribuent à saboter nos objectifs. Vous apprendrez à gérer ces émotions en suivant les recommandations des stoïciens, mais aussi grâce à des techniques modernes empruntées aux thérapies cognitivo-comportementales.

VOTRE CITADELLE INTÉRIEURE

Nulle part on ne trouve de retraite plus paisible,
plus exempte de tracas, que dans son âme.
Accorde-toi donc constamment cette retraite
et renouvelle-toi.

• MARC AURÈLE •

Au sein de la haute société romaine, se retirer dans de luxueuses maisons de campagne était chose fréquente. Même si Marc Aurèle était aussi un adepte de ce genre d'escapades, elles devinrent de moins en moins fréquentes car il passa les dernières décennies de sa vie confronté à plusieurs invasions barbares.

Il ne se plaignait pas de son destin et se rappelait qu'un mental calme est le meilleur refuge. Il appelait son refuge interne «sa citadelle intérieure», une forteresse où aucune tempête extérieure, comme la peur ou la colère, ne venait troubler sa vision. Indépendamment de ce qui se passe à l'extérieur, votre esprit peut rester calme, car la paix intérieure dépend uniquement de vous.

Beaucoup souhaitent voyager et parcourir le monde, mais peu ont la capacité de s'arrêter et d'explorer leur propre mental.

Dans les pages qui suivent, vous découvrirez les émotions auxquelles les stoïciens prêtaient une attention particulière, ainsi que quelques-unes de leurs propositions pour apprendre à les gérer. Ils appelaient ce processus ***therapeia*** (θεραπεία), que l'on pourrait traduire par *soin* ou *traitement*, une espèce de thérapie des émotions dont l'objectif était de calmer le mental agité par l'anxiété, la peur, la colère ou la tristesse.

— LA PEUR —

Il y a plus de choses qui font peur qu'il n'y en a qui font mal,
et nos peines sont plus souvent d'opinion que de réalité.

• SÉNÈQUE •

Comme n'importe quelle émotion, la peur remplit une fonction en nous éloignant d'un possible risque. Nous craignons l'obscurité et la hauteur, parce qu'elles représentent des menaces à notre survie. Le rejet social nous fait également peur parce que la solitude était autrefois synonyme de mort.

Dans le monde moderne et sûr d'aujourd'hui, la majorité de nos peurs sont exagérées ou infondées. Non seulement elles sont inutiles, mais elles constituent des obstacles qui nous éloignent de nos aspirations.

Notre esprit continue de croire qu'il nous protège, mais bien souvent cela ne fait que nous paralyser. La peur de l'échec nous empêche par exemple de faire le premier pas.

Dès lors, vaincre la peur était une priorité du stoïcisme, et c'est pourquoi le courage fait partie de l'une des quatre vertus essentielles. Pour chacune de vos peurs, vous pouvez suivre le processus suivant :

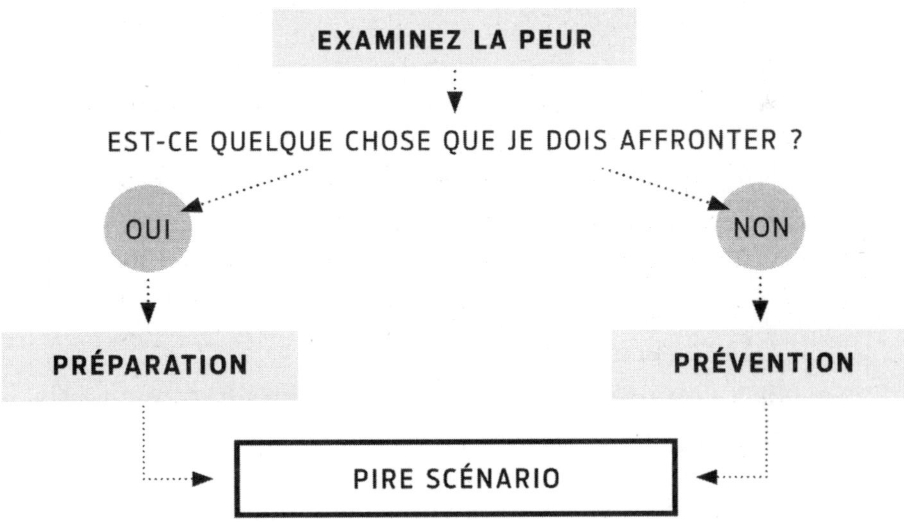

1. Analyser sa peur

Comme toujours, la première étape consiste à examiner l'émotion en identifiant sa cause avec précision. Que craignons-nous vraiment ? La peur est souvent une réaction face à l'inconnu, et la meilleure manière de la réduire est de partir à sa découverte. L'obscurité fait peur jusqu'à ce que la lumière s'allume.

Les stoïciens utilisaient l'analogie du masque. Quand nous voyons une personne avec un masque, nous avons peur jusqu'à ce que nous comprenions que derrière le masque, il y a simplement une personne et non un monstre. Comme le disait Sénèque : *«Ce n'est pas seulement aux hommes, c'est aux choses qu'il faut enlever leur masque et rendre visible leur vrai visage. Tu n'y trouveras d'effrayant que ta propre terreur»*. La première chose à faire pour retirer ce masque est de décrire ce qui nous fait peur de manière objective et avec une certaine distanciation cognitive (une technique que nous verrons plus loin).

Identifier ce que nous craignons nous permet de convertir les peurs abstraites en risques concrets, que nous pouvons évaluer et, dans de nombreux cas, atténuer.

On capitule trop vite devant l'opinion : on ne va point reconnaître l'épouvantail, on n'explore rien, on ne sait que trembler et tourner le dos comme les soldats que la poussière soulevée par des troupeaux en fuite a chassés de leur camp, ou qu'un faux bruit semé sans garant frappe d'un commun effroi.

• SÉNÈQUE •

Nous devons également essayer d'estimer le risque réel. Quelle est la probabilité que ce que nous craignons arrive vraiment ? Évaluer la peur de manière rationnelle nous aide à ajuster son degré d'intensité. Par exemple, les situations hors de notre contrôle –comme voyager en avion – nous angoissent davantage que celles où nous sentons que nous avons le contrôle – comme conduire notre voiture – bien que voyager en avion soit beaucoup plus sûr. Nous craignons beaucoup plus les agressions dont nous pourrions être victimes, plutôt que d'autres types de menaces. Dans les faits, beaucoup plus de personnes meurent de maladies provoquées par leurs propres habitudes que par la faute d'un tiers. Si vous améliorez votre alimentation et que vous faites de l'exercice, vous réduirez bien plus le risque de mortalité qu'en installant le meilleur des systèmes de sécurité chez vous.

Une fois que la peur est examinée et analysée, vous devez évaluer la nature de sa cause. Pour simplifier, disons qu'il y a deux éléments qui provoquent la peur :

- **Les choses que vous voulez absolument éviter.** Par exemple, vous pouvez avoir peur de vous blesser ou d'échouer dans votre nouveau projet professionnel. Dans ce cas, vous devez profiter de la peur pour prendre des mesures préventives.
- **Les choses que vous devez faire.** Dans ce cas, éviter la peur ne fait que vous limiter. Par exemple, cela peut être la peur de l'inconfort lié à l'effort physique ou au fait d'avoir faim, la peur d'échouer encore une fois avec votre régime, la peur d'être la personne bizarre du groupe ou de parler en public. Dans ce cas, l'évitement n'est pas une bonne option. Vous devez vous préparer pour agir.

2. La prévention

Dans le cas des peurs liées à des situations que vous voulez à tout prix éviter, vous devez adopter des stratégies de prévention. Que pouvez-vous faire pour éviter le risque ou au moins réduire la probabilité qu'il survienne ?

C'est précisément l'objectif de ce livre : vous aider à planifier votre stratégie de changement en vous dotant d'une multitude d'outils et de techniques qui vous aideront à obtenir ce que vous souhaitez.

Enquêtez, analysez, parlez avec les personnes qui ont fait ce que vous souhaitez faire, demandez-leur conseil. Une fois que vous avez pris des mesures pour minimiser la probabilité que ce que vous redoutez se produise, alors la peur ne remplit plus aucune fonction.

3. La préparation

Généralement, nos peurs ne sont pas le fruit de menaces réelles, et essayer de les éviter nous éloigne de nos objectifs. Dans ce cas, l'unique option est de se confronter à ce que nous craignons. Les stoïciens affirmaient que la peur est souvent due au manque de familiarité. Nous nous dérobons face à l'inconnu car, comme le disait Sénèque, la méconnaissance est souvent source de peur.

À mesure que nous apprenons à connaître quelque chose, la peur diminue. Nous fuyons les choses que nous devons faire parce que nous pensons qu'elles sont plus difficiles que ce qu'elles ne sont vraiment. Lorsque la peur est due à la méconnaissance, le fait d'agir la diminue : l'action répétée est la solution.

Ce n'est point parce qu'il est difficile que nous n'osons pas. C'est parce que nous n'osons pas, qu'il est difficile.

• SÉNÈQUE •

Les choses qui nous font peur au début perdent de leur force à mesure que nous nous exposons à elles. Les thérapies psychologiques les plus efficaces se basent sur ce principe, et aident le patient à vaincre sa peur en l'y exposant graduellement. Ce faisant, ce qui est craint devient plus familier. Si une personne a la phobie des chiens, le meilleur remède est une exposition graduelle à ces animaux. Avec le temps, le cerveau apprendra qu'ils ne sont pas aussi dangereux qu'il l'imaginait.

Lorsqu'il s'agit d'améliorer leur physique, beaucoup de gens craignent le changement. Ils ne se voient pas capables de réaliser de l'exercice physique ou de restreindre leurs calories et d'avoir faim. Cependant, à mesure qu'ils apprennent et qu'ils s'exposent graduellement à ce qu'ils craignent, la peur se réduit et la motivation augmente.

Note importante : la peur se réduit à chaque exposition, mais il faut choisir la dose adéquate. Une exposition excessive et trop rapide pourrait avoir l'effet inverse et renforcer la peur.

4. Le scénario du pire

Paradoxalement, penser clairement à vos peurs peut vous aider à les calmer. Pour cela, les stoïciens proposaient la technique de la *praemeditatio malorum*, qui consiste à imaginer que ce que vous redoutez arrive vraiment.

C'est une technique puissante avec une multitude de bénéfices, et nous la détaillerons dans le cinquième chapitre. Dans le cas de la peur, cela vous apprend à la voir avec une certaine distance et en lui retirant son effet de surprise. Se familiariser avec le pire scénario vous fait prendre conscience qu'en général, l'imagination exagère la réalité. Combien de personnes ont vécu votre pire scénario et lui ont fait face ? Certainement beaucoup. Et si ces personnes ont pu s'y confronter, probablement que vous aussi. Nous sommes beaucoup plus forts que nous ne le pensons, et nous visualiser en train d'affronter nos plus grandes peurs aide à les réduire.

L'athlète ne saurait apporter au combat toute l'ardeur nécessaire, s'il n'a jamais reçu de contusions. Celui qui a vu couler son sang, dont les dents ont craqué, qui, renversé, a supporté le poids de l'adversaire étendu sur lui, que l'on a pu abattre sans abattre son courage, qui à chaque chute s'est relevé plus opiniâtre, celui-là descend plein d'espoir dans l'arène.

• SÉNÈQUE •

Adoptez une posture de défi envers la peur. Transformez la question *«Et s'il m'arrivait quelque chose ?»* en *«Qu'est-ce que je ferais s'il m'arrivait... ?»*. Dans la majorité des cas, les choses qui nous font peur ne sont pas aussi terribles que nous l'imaginons. Que va-t-il se passer si vous ratez votre examen, si votre partenaire vous quitte ou si votre projet échoue ? Vous serez mal un certain temps, évidemment, mais vous continuerez votre chemin.

En résumé, il ne s'agit pas d'adopter un optimisme aveugle en pensant que rien de mal ne vous arrivera, mais d'avoir confiance en vos capacités pour gérer ce qui arrivera.

Que les choses à venir ne te tourmentent point. Tu les affronteras, s'il le faut, muni de la même raison dont maintenant tu te sers dans les choses présentes.

• MARC AURÈLE •

D'un côté, vous devez vous demander si le scénario que vous redoutez est aussi terrible qu'il en a l'air et, de l'autre, vous devez penser à vos propres capacités pour gérer le pire des scénarios possibles. Si vous ne vous en sentez pas capable, vous pouvez tâcher d'imaginer comment une personne que vous admirez gérerait cette situation.

5. Agir malgré la peur

La recommandation stoïcienne finale est la plus importante : agir. Rappelez-vous que le courage n'est pas l'absence de peur, mais le fait d'agir correctement en dépit de la peur. L'action est l'antidote de la peur. L'action réduit l'incertitude et ramène le mental au moment présent. En focalisant votre attention sur ce que vous pouvez contrôler, vous réduisez l'anxiété.

Plus votre vision est claire et inspirante, moins la peur aura d'impact sur vous. La paralysie ou le manque de motivation est bien souvent le reflet d'un manque de vision. Nous verrons comment générer cette vision.

Demandez-vous quels seraient les possibles bénéfices de vous confronter à ce qui vous fait peur en vous disant que tout ira bien. Demandez-vous ensuite quel serait le coût de ne rien faire.

Beaucoup de gens préfèrent suivre une vie insatisfaisante mais sûre, plutôt que de prendre le risque d'un échec. Mais bien souvent, le plus grand danger n'est pas d'agir et d'échouer, mais de rester immobile. L'inaction nous enchaîne dans la peur, bloque notre progression et nous prive d'opportunités.

Si vous agissez et que les choses se déroulent bien, vous aurez donc eu un bénéfice. Si vous agissez et que les choses tournent mal, vous devrez en assumer les conséquences, mais vous aurez également fait un apprentissage. Mais si vous n'agissez pas, vous n'arriverez jamais à apprendre quoi que ce soit, ni à obtenir quoi que ce soit. Vous garderez seulement le regret de ne pas avoir osé.

À long terme, le prix du regret est généralement plus élevé que celui de l'échec. De plus, l'échec n'est pas un état permanent. Les leçons que vous tirez de chaque essai améliorent vos chances de réussir la fois suivante. Vous convertissez l'échec en succès si vous êtes capable d'en tirer les leçons qui s'imposent.

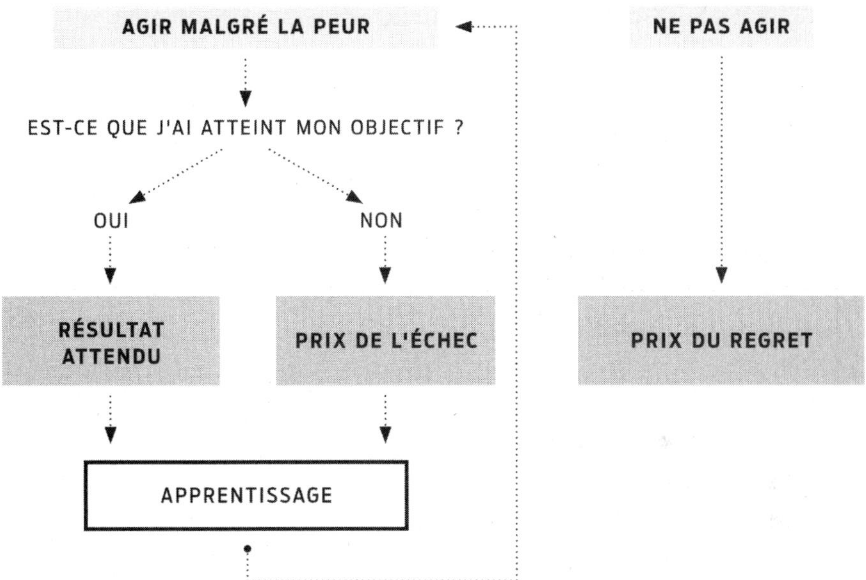

En fait, les stoïciens vous diraient qu'il n'y a pas pire échec que d'agir mal ; tout le reste est indifférent. Si vous avez fait de votre mieux, vous devriez être satisfait, indépendamment du résultat.

Cela étant dit, vous devez minimiser l'exposition aux risques, qui peuvent s'avérer catastrophiques. Il s'agit de vous confronter de manière ponctuelle et contrôlée à des risques qui vous aident à mûrir et à vaincre vos peurs, pas de vous exposer à des risques qui vous fragilisent un peu plus à chaque fois que le résultat n'est pas celui attendu.

— L'ANXIÉTÉ —

L'anxiété est une émotion qui trouve son origine dans la peur. Pour commencer, nous devons comprendre qu'un certain niveau d'anxiété n'est pas nécessairement mauvais. L'anxiété, tout comme la peur, vous aide à être en état d'alerte et à identifier de possibles risques. Mais au-delà d'un certain seuil, l'anxiété peut vous bloquer et vous pousser à mal agir, en plus d'être une source de souffrance émotionnelle.

Comme le disait Marc Aurèle, l'anxiété n'est pas vraiment quelque chose d'externe mais quelque chose d'endogène. Or si nous pouvons la générer, alors nous pouvons aussi l'éliminer. Selon les stoïciens, l'anxiété se manifeste lorsque nous essayons de contrôler quelque chose qui ne dépend pas de nous.

Nous éprouvons généralement de l'anxiété pour des événements qui pourraient avoir lieu dans le futur et dont nous anticipons les conséquences possibles. Une autre source habituelle d'anxiété est notre préoccupation pour l'opinion des autres. Voyons ces deux cas plus en détail.

1. L'anxiété vis-à-vis du futur

Car est-il besoin d'aller au-devant de maux qui
se feront sentir assez vite, d'anticiper sur leur venue
et de perdre le présent par crainte de l'avenir ?
Il y a certainement folie, parce qu'on sera
un jour malheureux, de l'être dès à présent.

• SÉNÈQUE •

Nous souffrons parce que nous avons tendance à projeter nos pensées dans le futur au lieu de les maintenir dans le présent.

L'anxiété, tout comme la peur, peut nous aider à prendre des mesures préventives, mais une fois ces mesures prises, l'anxiété ne nous apporte plus rien.

Par exemple, vous pouvez ressentir de l'inquiétude pour une importante présentation que vous devez faire. Cette inquiétude vous motive à vous préparer au mieux pour gérer cet événement important. Si vous êtes déjà en train de faire tout ce qui est en votre pouvoir, vous pouvez laisser l'anxiété de côté. Ne perdez pas de temps à imaginer que les choses iront mal ou que vous ne serez pas à la hauteur. Dédiez cette énergie mentale à votre préparation.

Ce que je te recommande, c'est de ne pas te faire malheureux avant le temps car ces maux, dont l'imminence apparente te fait pâlir, peut-être ne seront jamais, à coup sûr ne sont point encore. Nos angoisses parfois vont plus loin, parfois viennent plus tôt qu'elles ne doivent, souvent elles naissent d'où elles ne devraient jamais naître. Elles sont ou excessives, ou chimériques, ou prématurées.

• SÉNÈQUE •

Sénèque nous rappelait qu'en souffrant par anticipation, non seulement nous souffrons deux fois, mais en plus nous gâchons le moment présent par peur du lendemain. La possible douleur du futur n'est pas présente pour le moment, nous ne pouvons donc pas la ressentir à moins que nous ne l'imaginions et c'est précisément ce que nous faisons avec l'anxiété.

Dans le cas de la présentation que vous devez faire pour le travail, pourquoi l'anxiété persiste ? A cause des pensées automatiques que vous créez : *«Et si je rate ma présentation ?»*, *«Et si je perdais mon job ?»*, *«Et si je ne peux plus payer mon loyer ?»*, *«Et si... ?»*. Nous verrons comment combattre ces pensées pour les ajuster au mieux à la réalité et réduire l'anxiété.

Une autre manière de combattre cette anxiété est de ramener le mental dans le moment présent en vous centrant sur la prochaine action que vous devez faire.

Ainsi la prévoyance, l'un de nos plus grands biens sur cette terre, s'est tournée en mal. L'animal voit le danger et le fuit ; le danger s'éloigne, sa sécurité renaît. Nous, l'avenir nous torture en même temps que le passé. Sa mémoire lui ramène les angoisses de la peur, sa prévoyance les anticipe. Nul n'a assez des misères du présent.

• SÉNÈQUE •

Une recommandation stoïcienne pour calmer l'anxiété est de se demander si nous avons un réel problème à l'instant même où elle se manifeste. À moins que vous n'ayez des douleurs physiques, pour lesquelles les stoïciens avaient leurs propres recommandations, la réponse la plus probable est non. Vous focaliser sur le moment présent réduit l'anticipation d'un futur incertain. C'est l'un des bénéfices de la méditation.

2. L'anxiété vis-à-vis de l'opinion des autres

N'use pas la part de vie qui t'est laissée à imaginer ce que fait autrui, à moins que tu ne te proposes quelque fin utile à la communauté.

• MARC AURÈLE •

Une bonne part de notre anxiété est liée à ce que les autres pensent de nous. Durant une grande partie de notre histoire évolutive, nous avons vécu en petits groupes et les personnes de notre entourage immédiat constituaient notre cadre de référence. L'opinion que ces personnes avaient de nous pouvait avoir un impact important sur notre vie et nous cherchions constamment leur approbation.

Dans la société actuelle, nous sommes entourés de milliers d'individus dont l'opinion ne nous affecte pas vraiment en réalité, mais nous restons anxieux à l'idée de ne pas être acceptés par les autres. Les réseaux sociaux accentuent encore cet effet lorsque nous nous exposons aux commentaires d'inconnus et que nous nous comparons avec l'humanité tout entière. Nous trouverons toujours quelqu'un pour nous critiquer ou quelqu'un qui sera meilleur que nous.

Concentrez-vous seulement sur ce que vous pouvez contrôler – or l'opinion des autres n'en fait pas partie. La seule chose que vous pouvez faire est d'agir en accord avec vos valeurs et de vous comparer uniquement avec la personne que vous étiez avant.

Prenons l'exemple d'un musicien : dans la solitude de sa maison, il chante et joue de son instrument à la perfection, mais en montant sur scène, sa voix devient hésitante et son instrument semble moins mélodieux. Il ne veut pas seulement chanter bien, mais aussi se faire applaudir par son public. Il s'inquiète pour sa réputation, chose qui est hors de son contrôle. Son erreur est d'accorder plus de valeur à la réaction de son public qu'à sa propre prestation, qui est pourtant l'unique chose qui soit directement sous son contrôle.

Sois à toi-même ton spectateur, ton admirateur.

• SÉNÈQUE •

Cet artiste maîtrise l'art de la musique mais ne maîtrise pas l'art de la vie. Il lui manque la sagesse qui lui permettrait de se libérer de sa peur de la critique.

Paradoxalement, en n'accordant aucune importance aux applaudissements de son public, il les obtiendra probablement plus facilement en mettant de côté l'anxiété et en concentrant toute son énergie sur sa prestation, la seule chose qui soit réellement sous son contrôle.

Retrace-toi dès maintenant un genre de vie particulier,
un plan de conduite, que tu suivras, et quand tu seras
seul et quand tu te trouveras avec d'autres.

• ÉPICTÈTE •

Le fait d'accepter tout ce qui nous est extérieur nous donne du pouvoir. Cela nous libère de l'anxiété et de la peur irrationnelle. Cela nous permet de consacrer toute notre attention et notre énergie à nos actes.

— LA COLÈRE —

Souviens-toi qu'on n'est pas outragé par celui qui injurie ou qui frappe, mais par le jugement qu'il nous outrage. Quand quelqu'un te met en colère, sache que c'est ton jugement qui te met en colère.

• ÉPICTÈTE •

Un autre ne te nuira pas si tu ne veux pas, mais il le fera si tu juges qu'il l'a fait

• ÉPICTÈTE •

Alors que l'anxiété est provoquée par la peur qu'un événement redouté se produise, la colère surgit lorsqu'il s'est passé quelque chose d'imprévu, généralement lié au comportement d'une autre personne.

Pour les stoïciens, la colère est l'une des émotions les plus destructives, c'est pour ça qu'ils ont fait en sorte de se focaliser sur la manière de la dominer. Sénèque dédie un texte entier à cette émotion, la comparant à une folie passagère pour laquelle nous payons un prix très élevé.

Pourquoi la colère est-elle aussi destructive ? Parce qu'elle trouble notre vision et comme elle engendre souvent un désir de vengeance contre la personne qui nous a causé du tort, le résultat peut s'avérer particulièrement désastreux.

La majorité des actes violents ne sont pas prémédités, ils sont impulsifs et causés par la colère. Sans arriver à ces cas extrêmes, agir sous le coup de la colère peut vous faire perdre votre travail ou nuire à votre relation de couple.

Lorsque vous êtes sous l'emprise de la colère, vos décisions sont faussées. Vous risquez de sacrifier vos objectifs à long terme pour répondre à des provocations du présent, d'où l'importance de différer votre réponse afin que votre mental retrouve son calme.

On n'attend pas pour éclater et néanmoins le grand remède de la colère c'est le temps, qui amortit le premier feu. Alors le brouillard qui offusque la raison se dissipe ou du moins s'éclaircit. Une partie des motifs qui t'emportaient si fort s'atténuera dans l'espace d'une heure, je ne dis pas même d'un jour, le reste s'évanouira tout à fait.

• SÉNÈQUE •

La première étape est de réussir à se distancier de l'émotion et examiner la réalité avec objectivité. Que s'est-il passé exactement ? Avant de réagir, demandons-nous si le tort est réel ou si notre esprit en amplifie la portée.

Vous êtes dans un embouteillage et quelqu'un force le passage pour se mettre dans votre voie ? La file d'attente au supermarché est particulièrement lente ? Quelqu'un a fait un commentaire négatif à propos de votre publication sur Instagram ? La personne que vous venez de croiser a fait une drôle de tête en vous regardant ? Ce sont de petites contrariétés qui déclenchent souvent nos accès de colère.

Lorsque ce type de situation se présente, il est important de mettre les évènements en perspective et de s'abstenir de répondre sans y avoir réfléchi. Ce sera une bonne occasion pour se rappeler que ce n'est pas l'événement qui nous blesse, mais le sens qu'on lui donne.

En s'énervant pour ce genre de petits inconvénients, nous passons notre temps à ressasser, bien loin de l'état d'esprit serein d'un stoïcien.

Ne te permets rien dans la colère. Pourquoi ? parce que tu voudrais tout te permettre. Lutte contre toi-même : qui ne peut la vaincre, est à demi vaincu par elle.

• SÉNÈQUE •

Comme l'observait Sénèque, notre colère dure généralement plus longtemps que le préjudice qui en est la cause. Si quelqu'un vous coupe la route, vous perdez une minute. Mais en vous énervant, vous perdez votre journée. Dans ce cas, vous êtes le seul coupable de cette souffrance.

Les stoïciens recommandaient d'améliorer notre niveau de tolérance à ce genre de petites déconvenues en mettant en garde sur le fait que si nous n'agissons pas ainsi, nous passerons notre vie à réagir aux actes des autres ou aux aspects négatifs de l'existence.

Les stoïciens se montraient particulièrement critiques envers les personnes qui vivent dans un état permanent de colère et qui se sentent constamment offensées. Même en l'absence de raisons spécifiques pour lesquelles se plaindre, elles exhument le passé pour empoisonner le présent. La tranquillité (*ataraxia*) est l'état mental optimal, alors pourquoi vouloir l'altérer volontairement ?

Pour vous aider à changer de perspective, vous pouvez utiliser les techniques de la vue d'en-haut et de la distanciation cognitive que vous découvrirez dans le cinquième chapitre dédié aux armes du stoïcien.

Une autre stratégie stoïcienne pour calmer le mental est de travailler d'abord sur le corps. Les stoïciens avaient conscience de la relation entre le corps et l'esprit, et Sénèque recommandait même de se forcer à paraître calme : relâcher la musculature du visage, respirer avec calme, marcher lentement... En peu de temps, notre esprit suit rapidement les signaux envoyés par notre corps.

En plus d'analyser si nous avons été réellement lésés ou non, les stoïciens proposaient d'analyser les intentions des personnes qui nous mettent en colère. Nous avons tendance à attribuer une intention négative aux actions des autres, alors que leur comportement est généralement le fruit de leur incompétence ou de leur inattention. Bien que le résultat final soit le même, notre colère diminue lorsque nous comprenons que les actes des autres sont presque toujours accidentels et non délibérément orientés contre nous.

En réalité, le comportement des autres a souvent une raison, et nous ferions probablement pareil à leur place.

Comme le disait Épictète, « *Comment peux-tu savoir si quelqu'un a mal agi si tu ne connais pas ses motivations ?* ». Peut-être que le conducteur qui s'est faufilé devant vous sur la route amenait sa fille gravement malade à l'hôpital ? Ou peut-être pas, mais en acceptant au moins la possibilité qu'il pourrait y avoir des raisons qui justifient son comportement, et que cela n'a rien à voir avec vous, cela devrait vous aider à apaiser votre sentiment de colère. « Combien de fois avez-vous fait, sans vous en rendre compte, ce qui vous irrite tant chez les autres ? ». Accepter les erreurs des autres est aussi important que d'accepter vos propres erreurs.

Il n'est pas bon de tout voir, de tout entendre : que beaucoup d'injures passent inaperçues pour nous : presque toujours, ne les a pas reçues qui les ignore. Tu ne veux pas être colère ? Ne sois pas curieux. Celui qui s'enquiert de tout ce qui s'est dit sur son compte, et qui va exhumant les plus secrets propos de l'envie, trouble lui-même son repos.

• SÉNÈQUE •

Une autre façon de réduire votre colère est de moins prêter attention à l'opinion des autres. Si vous décidez de passer en revue tous les commentaires que les gens laissent sur votre page Instagram, c'est évident que vous trouverez des commentaires défavorables.

Si vous vous offusquez des commentaires des autres, alors vous passerez votre vie à être offusqué. Et c'est une réponse typique du stoïcisme : si vous vous sentez offensé par telle ou telle personne, vous passerez votre vie à être offensé parce que les occasions de vous nuire sont infinies.

Nous nous infligeons souvent davantage de souffrance en subissant les conséquences de nos réactions impulsives qu'en acceptant simplement les faits qui nous ont contrariés. La colère en elle-même est plus dangereuse que ce qui la provoque.

Cela ne veut pas dire que vous devez ignorer la cause de votre colère. Si l'un de vos employés effectue mal son travail, vous devez le lui faire savoir. Si son comportement ne s'améliore pas, vous devrez le licencier. Mais vous fâcher avec lui ne fera qu'augmenter sa rancœur à votre égard et vous privera de votre tranquillité. Rappelez-vous que le comportement des autres est hors de votre contrôle.

Enfin, dans certains cas, il arrive que des personnes agissent clairement dans l'intention de vous nuire. C'est le genre de situation où nous nous mettons en colère, mais c'est aussi dans ces moments qu'il est important de savoir se contrôler.

On est toujours le maître d'un homme,
quand on a le pouvoir de lui donner ou de lui
ôter ce qu'il veut ou ce qu'il ne veut pas.

• ÉPICTÈTE •

En général, se fâcher ne contribue pas à améliorer la situation et nuit à votre capacité de raisonnement. En cédant à la colère ou à la frustration, vous offrez une clé pour qu'on manipule votre esprit. Garder le contrôle, c'est refuser de devenir la marionnette des provocations extérieures. La vraie force réside dans la maîtrise de soi, pas dans la réaction impulsive. Ne laissez jamais quelqu'un d'autre détenir l'extraordinaire pouvoir de troubler votre paix intérieure.

Si vous êtes la cible d'un comportement mal intentionné, essayez d'évaluer si l'agresseur mérite vraiment une réponse. En général, la meilleure réponse est l'indifférence. Être ignoré est le pire des châtiments pour quelqu'un qui essaie de se démarquer en attaquant les autres. Rappelez-vous que, pour les stoïciens, agir mal est le plus grand tort; refusons donc de céder à la provocation.

Souvent c'est l'interprétation qui arrive à donner aux choses les couleurs de l'injure. Patientons donc pour les unes, moquons-nous des autres, ou bien pardonnons.

• SÉNÈQUE •

Une fois de plus, le détachement des stoïciens n'est pas synonyme d'indifférence ni de faiblesse. C'est une stratégie pour maintenir la tranquillité d'esprit et la clarté mentale, en agissant toujours de manière rationnelle.

Si malgré tout, vous décidez que l'offense requiert une réponse, agissez avec fermeté mais sans colère. Soyez assertif à l'heure d'exiger un traitement plus juste. Opposez-vous à la volonté de ceux qui veulent vous contrôler ou bloquer vos actions. De manière calme mais déterminée. Répondre à la provocation avec justice révèle plus de force que céder à la colère. Ne réagissez jamais comme celui qui vous attaque.

La colère, bien canalisée, devient une force qui pousse à agir avec détermination plutôt qu'à réagir impulsivement. Transformez-la en moteur pour progresser.

Enfin, les stoïciens étaient pragmatiques, ils comprenaient que dans certaines circonstances l'apparition de la colère pouvait être utile mais, mal maîtrisée, elle vous consume. Contrôlez-la, ne la laissez pas vous contrôler.

En résumé, nous nous mettons en colère lorsqu'il arrive quelque chose que nous n'avions pas prévu. Nous protestons comme des enfants quand le monde ne nous donne pas tout ce que nous désirons, alors que nous oublions tout ce qu'il nous a déjà offert. Nos attentes irréalistes sont bien souvent la cause de notre frustration et de notre colère. En focalisant notre énergie sur ce que nous pouvons vraiment maîtriser, la colère perd son emprise sur nous.

Nous nous mettons en colère pour des choses courantes et nous ajoutons des jugements de valeur avec des expressions telles que «*Je n'arrive pas à y croire !*» pour nous référer à des événements qui arrivent fréquemment à d'autres personnes. Pourquoi êtes-vous si étonné face à des choses qui arrivent si souvent ?

Cette attitude, disait Marc Aurèle, revient à s'étonner que le figuier produise des figues et que les enfants pleurent, alors que c'est ce qu'ils font.

Marc Aurèle adoptait la posture opposée en comprenant que *«Tout ce qui arrive est aussi banal et familier que la rose au printemps et les fruits en été»* ou *«Ne pas admettre que les méchants commettent des fautes, c'est folie, c'est exiger l'impossible»*. Les personnes qui attaquent constamment les autres ne doivent pas être très heureuses dans la vie en général. Leur comportement est leur propre châtiment et vous commettriez une erreur si vous vous laissez provoquer. Face à la colère, vous avez deux alternatives : réagir de manière impulsive ou ne rien faire tant que vous n'êtes pas capable d'évaluer calmement les options disponibles.

Répondez de manière rationnelle une fois que la colère sera passée. Rappelez-vous que la plupart du temps, la meilleure réponse est de ne pas réagir. Comme le disait Marc Aurèle, *«Une excellente manière de te défendre d'eux, c'est d'éviter de leur ressembler»*.

— LA HONTE —

Or la mort et la vie, la gloire et l'obscurité, la douleur et le plaisir, la richesse et la pauvreté, tout cela échoit dans la même mesure aux hommes de bien et aux méchants ; donc ce ne sont ni des biens ni des maux.

• MARC AURÈLE •

Durant une grande partie de notre histoire évolutive, notre survie dépendait de notre capacité de collaborer avec les autres. L'altruisme et le respect des normes sociales élevaient notre statut dans le groupe, alors que l'égoïsme et l'indifférence vis-à-vis des conventions sociales l'affaiblissaient.

Les probabilités de survie et d'avoir une descendance dépendaient surtout de notre statut, c'est pourquoi notre cerveau réagit vivement aux changements perçus de notre place dans la hiérarchie sociale.

D'un point de vue évolutif, la honte nous faisait adhérer aux normes sociales en limitant les actions égoïstes qui pouvaient porter préjudice au groupe tout comme à notre statut.

S'il vous arrive de ressentir de la honte, vous devez chercher son origine. Il est possible que cette émotion soit justifiée, par exemple si vous avez fait quelque chose que vous n'auriez pas dû. Dans ce cas, la honte engendre aussi de la culpabilité ou des remords, émotions que nous traiterons plus loin.

Généralement, la honte trouve son origine dans des transgressions imaginaires. Nous ressentons de la honte si nous sommes en surpoids ou si nous n'avons pas beaucoup d'argent en pensant que cela diminue notre statut social. Aussi, se démarquer peut déclencher un sentiment de honte, car au fond, nous redoutons inconsciemment de transgresser les règles implicites du groupe auquel nous appartenons.

Beaucoup de personnes ressentent de la honte à cause de leur corps, en considérant qu'il n'atteint pas un certain niveau – arbitraire – d'attraction physique. Pour commencer, vous devez comprendre que votre aspect physique ne vous définit pas et que c'est seulement une facette de qui vous êtes. C'est bien d'essayer de se voir sous un meilleur jour, mais pas par honte de ce que peuvent penser les autres. Vous devez accepter votre apparence tout en essayant de l'améliorer, en comprenant que votre valeur ne dépend pas de votre physique.

Il est probable que le fait d'améliorer votre physique vous donnera davantage confiance en vous, mais le processus est aussi important que le résultat. Cultivez la gratitude pour la force et la santé que votre corps vous offre chaque jour.

Peut-être que vos jambes ne sont pas les plus attractives, mais elles vous permettent de vous déplacer n'importe où. En appréciant votre corps, vous trouverez la motivation pour mieux en prendre soin. L'une des techniques pour atteindre cet objectif est la visualisation négative, que nous détaillerons dans le dernier chapitre.

Nous pourrions dire la même chose de vos possessions. Rappelez-vous que pour les stoïciens, votre statut socio-économique est indifférent. Votre valeur se mesure réellement et uniquement par vos actes. Ainsi, la seule honte légitime est celle qui naît d'une mauvaise action.

Ironiquement, certaines personnes ressentent de la honte précisément lorsqu'elles essaient de faire les choses bien. Aujourd'hui, les mauvaises habitudes sont la norme, et ceux qui prennent soin de leur santé passent parfois pour des originaux.

On considère que c'est normal de boire du Coca-Cola à toutes les heures et de manger des viennoiseries au petit-déjeuner, mais si vous pratiquez le jeûne intermittent ou si vous dites que vous ne mangez pas de produits ultra-transformés, alors vous paraîtrez *snob*.

Heureusement, les stoïciens affichaient un certain mépris pour la conformité. Ils nous rappelaient que toutes nos actions devaient être guidées par la vertu et non par les conventions sociales. Ils remettaient en question le bien-fondé des objectifs que la majorité des gens cherche à atteindre et ils accordaient de la valeur à la seule chose qui comptait vraiment pour eux : agir bien et de manière rationnelle. Une fois de plus, ils nous rappelaient que les opinions des autres sont hors de notre contrôle et ne doivent donc pas troubler notre esprit de manière systématique.

Bien que nous n'ayons pas encore évoqué, Caton est considéré comme l'un des meilleurs exemples du stoïcisme, mais il est peu connu parce qu'il n'a laissé aucun écrit.

Plutarque écrit à son sujet : «*En voyant que les tuniques rouges étaient à la mode, Caton en portait une noire. Régulièrement, il sortait le matin sans tunique ni chaussure, non pour se vanter de cette nouveauté mais pour s'exercer à ne ressentir de la honte que pour des choses qui le méritent vraiment*».

En comprenant que rien de mal ne vous arrive réellement lorsque vous ressentez simplement un peu de honte, cette émotion perd de sa force. Une autre stratégie utilisée par les stoïciens pour réduire ce sentiment de honte était de rire de leurs propres erreurs, réduisant ainsi l'impact de la honte sur leur propre estime.

Si vous commencez un processus de changement, attendez-vous à vous faire critiquer. Si vous étiez comme les autres, mais que vous souhaitez désormais vous améliorer, ils interpréteront cela comme une attaque personnelle ou comme une remise en question de leur propre manière de vivre. Ces critiques peuvent provoquer de la honte et freiner considérablement nos efforts de changement, c'est pour cela que nous en traiterons dans le quatrième chapitre *Résister avec discipline*.

— LES REMORDS —

Les peines passées, tout comme celles à venir,
sont loin de nous : nous ne sentons ni les unes ni les
autres. Or il faut que l'on sente pour qu'il y ait douleur.

• SÉNÈQUE •

Tout comme l'anxiété est générée par des inquiétudes futures, les remords surgissent lorsqu'on repense aux événements passés. Se remémorer le passé a son utilité, car cela permet d'en tirer de précieuses leçons qui nous aideront à nous améliorer dans le futur.

Mais une fois que vous avez tiré les leçons de vos erreurs, revenez au présent. Ne ressassez pas encore et encore vos actions antérieures. Concentrez-vous sur le présent et agissez avec justesse dans l'unique instant qui vous appartient vraiment : maintenant.

Si vous ressentez de la culpabilité ou des remords, c'est peut-être un simple signal que vous n'avez pas agi correctement (vous avez fait quelque chose que vous n'auriez pas dû ou vous avez arrêté de faire quelque chose que vous auriez dû continuer à faire). Peut-être que vous avez mis de côté votre régime ou votre entraînement pendant plusieurs jours consécutifs et que vous vous sentez déçu de vous-même.

Beaucoup répondent à ce sentiment par un dialogue interne dévalorisant («*Je rate tout ce que j'entreprends !*») ou par de l'autoflagellation peu productive.

Dans un cas comme dans l'autre, vous faites fausse route. Les stoïciens vous diraient de ne pas gaspiller votre énergie à regretter le passé. Ils vous rappelleraient que vous êtes humain : pardonnez-vous, mais tirez-en toujours des leçons.

Les stoïciens recommandaient de réfléchir sur nos actes au quotidien dans le but d'analyser ce que nous avons fait correctement et ce pour quoi nous devons encore nous améliorer. Ajouter de la souffrance ou des punitions dans ce processus ne le rend pas plus efficace.

Si vous avez des regrets parce que vous vous êtes mal comporté envers une autre personne, pensez à comment réparer ce qui peut l'être. N'hésitez pas à agir si c'est encore à votre portée. Sinon, demander pardon est votre meilleure option. Excusez-vous et continuez votre vie. Vous autoflageller n'aidera personne.

— LA TRISTESSE —

Nourrir une affliction sans fin pour la perte d'un être aimé, c'est une faiblesse déraisonnable, n'en ressentir aucune serait une dureté inhumaine. Pour bien concilier la sensibilité et la raison, il faut que l'âme s'ouvre au regret, mais qu'elle en triomphe.

• SÉNÈQUE •

Comme le reconnaissaient les stoïciens, nous sommes des êtres sociaux et rien ne nous affecte plus que la perte d'un membre de notre entourage ou, ce qui revient souvent au même, une rupture amoureuse.

La tristesse n'est pas négative en soi et elle peut nous motiver à changer ou chercher le soutien des autres. Dire à quelqu'un qui traverse une épreuve d'arrêter de souffrir est non seulement cruel mais inutile. La tristesse est une réponse automatique que nous ne pouvons pas éviter, mais que nous pouvons apprendre à dompter.

Nos yeux ne doivent ni demeurer secs à la perte d'un ami, ni s'épuiser de larmes. Il faut pleurer, mais non se fondre de douleur. Veux-tu savoir d'où viennent les lamentations, les pleurs immodérés ? On veut afficher par là ses regrets : on ne cède pas à son affliction, on en fait parade.

• SÉNÈQUE •

Ce que nous soignons aujourd'hui avec des médicaments se traitait auparavant avec la philosophie, en particulier avec les lettres de consolation. Cela se faisait dans différentes écoles philosophiques, mais celles écrites par les stoïciens sont spécialement reconnues. En plus de prodiguer du réconfort et du courage, ces lettres proposaient des exercices réflexifs et des arguments persuasifs destinés à apaiser la douleur de n'importe quel type de perte.

Il vaut la peine d'examiner certains de leurs arguments, encore utiles aujourd'hui pour traverser les moments difficiles.

Premièrement, les stoïciens nous encourageaient à réfléchir sur l'utilité de la souffrance. Pour eux, le deuil initial est normal, mais ils mettaient en garde sur le fait qu'à partir d'un certain moment, ce deuil nous fait plus de mal que la perte affective elle-même.

Mieux vaut renoncer à ton chagrin que d'attendre qu'il renonce à toi. Sèche donc au plus tôt des larmes qui, alors même que tu le voudrais, ne peuvent longtemps couler.

• SÉNÈQUE •

Deuxièmement, ils nous proposaient d'essayer de changer notre perspective en mettant l'emphase sur ce que nous avons eu et en pensant moins à ce que nous avons perdu. Cela rejoint, à nouveau, l'importance de la gratitude. Plutôt que de vous concentrer sur l'absence, rappelez-vous la chance que vous avez eue de rencontrer cette personne. Elle a existé, elle a compté, et cela mérite d'être honoré.

Crois-moi, le sort a beau nous enlever ceux que nous aimons, la plus grande partie d'eux-mêmes demeure avec nous.

• SÉNÈQUE •

De manière générale, les stoïciens recommandaient d'envisager tout ce qui arrive dans notre vie comme un prêt de l'univers qui peut être réclamé à tout moment. Rien ne vous est dû. Les choses et les gens que vous aimez peuvent disparaître à tout moment. Si vous comprenez profondément cela, vous serez moins surpris par la perte et plus reconnaissant du présent.

Quand tu embrasses ton enfant ou ta femme, dis-toi que c'est un être humain que tu embrasses et alors sa mort ne te troublera pas.

• ÉPICTÈTE •

Troisièmement, les stoïciens nous exhortaient à nous demander si la personne pour laquelle nous souffrons aimerait nous voir dans cet état à long terme. Si la réponse est oui (cela pourrait être le cas d'une personne toxique), elle ne mérite pas nos larmes. Si la réponse est non, la meilleure manière d'honorer son souvenir serait de cesser de souffrir inutilement, autant pour cette personne que pour nous-mêmes.

Enfin, à travers ces lettres, les stoïciens donnaient beaucoup d'exemples de personnes qui avaient surmonté des moments similaires. Quand nous traversons des difficultés, il est réconfortant de savoir que d'autres personnes sont passées par là, et que, grâce à la mentalité adéquate, non seulement elles ont survécu, mais en plus elles en sont ressorties plus fortes.

Sénèque et Marc Aurèle ont dû enterrer certains de leurs enfants, et cela leur permettait de parler d'expérience. Ils nous rappelaient que nous, les humains, avons la capacité de nous confronter à tous types de tragédies et la philosophie nous aide grâce à de multiples stratégies.

— LA JALOUSIE —

Voyons, combien se vend la laitue ? Supposons que ce soit une obole. Quand quelqu'un a de la laitue en donnant son obole et que toi tu n'en as pas en ne donnant pas la tienne, ne crois pas être moins bien traité que celui qui en a. Paye le prix si tu y trouves un avantage, mais si tu veux à la fois ne pas payer et recevoir, tu es insatiable et imbécile.

• ÉPICTÈTE •

Comme toutes les émotions, la jalousie peut être positive si vous savez en tirer parti. Elle vous communique une information sur les choses que vous désirez et les personnes que vous admirez. Elle peut devenir une force motrice, à condition de ne pas la laisser virer au ressentiment.

Comment est-ce que les stoïciens nous conseillaient de gérer le sentiment de jalousie ? Tout d'abord en devenant conscients que nous voyons seulement la façade que les autres nous présentent, mais pas ce qu'il y a derrière. Nous voyons les succès des grands sportifs mais nous ignorons les sacrifices qu'ils ont dû faire pour en arriver là : les heures d'entraînement, les voyages incessants, la pression, le renoncement aux moments de loisirs.

Si vous enviez le corps de quelqu'un ou ses capacités, vous devez comprendre que cela a un prix. Êtes-vous disposé à faire les mêmes efforts ? Si oui, arrêtez d'envier les autres et mettez-vous au travail. Mais, si vous n'agissez pas, c'est que votre inconfort actuel vous semble plus acceptable que l'effort à fournir. En effet, on n'obtient rien de durable sans y mettre le prix – Épictète le savait déjà.

Évidemment, pas toutes les personnes paient le même prix pour ce qu'elles arrivent à accomplir. Chacun possède des conditions génétiques et socio-économiques différentes, mais vos gènes ou la famille dans laquelle vous êtes né sont des éléments hors de votre contrôle. Se lamenter sur ces facteurs externes ou parce que quelqu'un part d'une meilleure situation ne vous aidera en rien. De plus, si une autre personne a réussi à atteindre facilement ce que vous convoitez, probablement qu'elle ne le valorise pas de la même manière et que cela ne lui donne pas la même satisfaction.

Pensez simplement à ce que vous pouvez améliorer et à la manière d'agir sur tout ce qui est en votre pouvoir. Si vous avez des doutes sur la manière d'atteindre vos objectifs, demandez à ceux qui ont déjà parcouru le chemin.

Transformez votre jalousie en admiration, motivation et effort. Les stoïciens recommandaient symboliquement de regarder davantage vers le bas que vers le haut : la gratitude est l'antidote à la jalousie destructive.

Car en vain possèdes-tu beaucoup si quelque autre possédant davantage, tu te crois en déficit de tout ce dont il te surpasse. Dans ton ambitieuse démence, tu ne verras plus ceux que tu dépasses, dès qu'un seul te devancera.

• SÉNÈQUE •

En plus de réguler l'envie, la gratitude est efficace pour réduire de multiples émotions négatives, et c'est l'une des techniques que nous verrons ultérieurement

Enfin, les stoïciens attirent notre attention sur le fait qu'il y a beaucoup des choses que nous envions sans les désirer vraiment, des choses que nous cherchons à obtenir uniquement dans le but d'élever notre statut social. Occuper un poste de cadre supérieur semble à première vue attractif, mais beaucoup des personnes qui occupent un tel poste détestent leur travail et leur vie. Posséder une voiture plus chère augmente notre propre estime, mais cela suppose de travailler plus pour pouvoir se la payer et davantage de préoccupations pour les éventuels dégâts qu'elle pourrait subir.

— LE DÉSIR —

Nul ne peut avoir tout ce qu'il désire, mais on peut ne pas désirer ce qu'on n'a point et user gaiement de ce que le sort nous offre.

• SÉNÈQUE •

Le désir est une arme à double tranchant. D'un côté, le désir de s'améliorer nous motive à agir et peut apporter du sens à nos vies. D'un autre côté, le désir incontrôlé peut être le ferment de l'erreur et des mauvaises décisions.

Modérer le désir est fondamental pour atteindre vos objectifs et c'est pour ça que nous approfondirons cette émotion (ainsi que les stratégies pratiques pour la contrôler) dans le quatrième chapitre.

— LES DISTORSIONS COGNITIVES —

Ta plus grande affaire est avec toi-même, c'est toi qui te fais obstacle. Incertain de ce que tu veux, tu sais mieux approuver ce qui est honorable que le suivre : tu vois où réside la félicité, mais tu n'oses aller jusqu'à elle.

• SÉNÈQUE •

Maintenant que nous avons passé en revue les émotions les plus problématiques, vous avez peut-être remarqué que certains schémas reviennent encore et encore dans votre vie.

Pour les stoïciens, l'origine du problème ne se situe jamais dans l'événement externe mais uniquement dans l'interprétation que nous en faisons et notre réponse interne. Ils insistaient sur l'importance de prendre du recul et de questionner nos réactions initiales afin de cultiver une vision plus constructive. Ils recommandaient toujours d'adopter une perspective plus productive en questionnant constamment nos premières impressions.

La démarche consistant à interpréter nos pensées et nos émotions comme des hypothèses au lieu de les interpréter comme des faits est peut-être la meilleure stratégie mentale pour voir le monde avec plus de clarté. En explorant et en questionnant nos impressions initiales, nous pouvons les ajuster à la réalité en évitant d'agir de manière irrationnelle. Antisthène, le prédécesseur du stoïcisme, disait que son principal apprentissage de la philosophie avait été la capacité de dialoguer avec lui-même. En réalité, nous sommes toujours en train de dialoguer avec nous-mêmes, mais nous le faisons de manière inconsciente. La majorité de ces processus cognitifs s'automatise avec le temps et nous ne sommes pas conscients de la manière dont ils nous affectent.

Les thérapies cognitivo-comportementales adoptent les principes basiques du stoïcisme mais avec davantage de rigueur scientifique. Elles reposent sur l'idée que nos mauvaises décisions viennent souvent d'émotions biaisées et de jugements erronés qu'il faut corriger.

Ces distorsions cognitives sont classées en différentes catégories, ce qui facilite l'analyse de nos pensées. Le simple fait de les connaître vous aidera à les identifier et à les éviter. Dans les pages qui suivent, nous allons examiner les distorsions cognitives les plus courantes, avec des exemples concrets. En les découvrant, repérez les erreurs de jugement que vous faites le plus fréquemment. Réduire ces distorsions cognitives revient à modifier le degré de correction de vos lunettes. Si vous voyez le monde de manière floue, vous risquez de trébucher. Le fait de corriger vos pensées améliorera vos décisions.

01 RAISONNEMENT ÉMOTIONNEL	02 CATASTROPHISME	03 SUR-GÉNÉRALISATION
04 PENSÉE DICHOTOMIQUE	05 FILTRE NÉGATIF	06 DISQUALIFICATION DU POSITIF
07 PRÉDICTION DU FUTUR	08 LECTURE DES PENSÉES	09 ÉTIQUETAGE
	10 FAUSSES OBLIGATIONS	

1. Le raisonnement émotionnel

Cela consiste à partir du principe que nos émotions sont le reflet fidèle de la réalité : «*J'ai peur lorsque je voyage en avion, alors voyager en avion est dangereux*», «*J'ai peur de parler en public, alors je suis incapable de le faire*», «*Je me sens offensé, alors cela veut dire que l'on m'a attaqué*». Ces pensées automatiques produisent des réponses compensatoires qui nous conduisent à éviter tout ce qui nous fait peur ou nous inquiète. Ce comportement d'évitement réduit l'anxiété à court terme mais limite notre vie à bien des égards.

Prenons le cas des régimes : on interprète la faim comme un signal que le corps a besoin d'énergie. Or, bien sûr, la faim a une composante physiologique, mais aussi émotionnelle.

2. Le catastrophisme

Cela arrive lorsque nous donnons une importance démesurée à nos problèmes et aux choses qui nous arrivent. Nous commettons cette erreur quand nous pensons que nous allons mourir de faim seulement après avoir passé quelques heures sans manger. Dans ce genre de cas, nous devons nous demander si notre situation est réellement insupportable ou seulement un peu inconfortable. Notre interprétation déterminera en grande partie notre émotion et, finalement, notre comportement : abandonner ou continuer.

Nous partons du principe que si quelque chose est difficile à tolérer, alors c'est intolérable. Cela renforce l'inconfort et nous fait abandonner. Cela nous arrive aussi dans notre rapport au futur, quand nous ne pensons qu'au pire résultat possible et que nous l'envisageons comme le plus probable. Ces pensées déformées nous font présumer que nous serons incapables de tolérer ce que nous redoutons.

3. La surgénéralisation

Nous tombons dans ce travers quand nous partons du principe que certains événements ponctuels sont représentatifs de la situation en général : *«Pourquoi tout ce qui m'arrive est si compliqué ?»* ou *«Rien ne va jamais bien»*. Quand nous utilisons des phrases catégoriques qui commencent par *«Toujours...»*, *«Tout le monde...»*, *«Personne...»*, il est très probable que nous soyons en train de tomber dans ce biais cognitif.

Par exemple, si vous avez abandonné votre régime parce que votre entourage ne vous soutenait pas, voici le type de pensées négatives qui pourraient surgir : *«J'abandonne à chaque fois» ou «Personne ne me soutient»*. Vous devez remettre en question ces croyances en recherchant dans votre passé des faits susceptibles de les démentir : à quelle occasion avez-vous réussi ce que vous avez entrepris ? Sur qui avez-vous pu compter par le passé ?

En analysant la réalité avec objectivité, vous trouverez une multitude d'exemples qui démentent vos croyances limitantes et qui vous aideront à réguler votre émotion initiale.

4. La pensée dichotomique

Cette distorsion cognitive est aussi appelée la «pensée du tout ou rien». Nous avons tendance à interpréter les choses en termes extrêmes : tout ou rien, succès ou échec. La réalité est beaucoup plus nuancée.

Si vous êtes au régime et que vous mangez une pâtisserie, vous pourriez penser que vous êtes en train de tout gâcher, même si vous avez surveillé votre alimentation toute la semaine. Si vous partez du principe que vous avez ruiné tous les efforts antérieurs, vous réduirez votre motivation et augmenterez le risque d'abandon. Cette croyance est fausse. Vous n'avez pas besoin de tout faire parfaitement pour obtenir de bons résultats.

Au lieu de penser que vous avez échoué, attribuez-vous une note objective selon votre comportement de la semaine (ou un pourcentage d'atteinte des objectifs, par exemple 75 %). A partir de là, essayez simplement de vous améliorer la semaine suivante.

Comprenez que personne n'est parfait, et que même les meilleurs stoïciens se trompaient. Vous pouvez atteindre vos objectifs même en commettant des erreurs en chemin. Accordez-vous une certaine marge d'erreur. Ne vous enfermez pas dans des étiquettes radicales. Adoptez une pensée nuancée, où chaque situation se place entre les extrêmes.

5. Le filtre négatif

Nous commettons cette erreur quand des éléments négatifs ponctuels nous empêchent de voir le positif.

Cela arrive par exemple lorsque vous êtes effondré parce que vous avez obtenu une mauvaise note à un examen, alors que vous avez réussi dans toutes les autres matières. De même, si vous avez perdu du poids durant plusieurs mois mais que vous avez stagné la semaine dernière, cela vous déprime car vous donnez plus d'importance à ce résultat en particulier qu'à tous les résultats antérieurs. Pareil si vous accordez plus d'attention aux personnes qui dénigrent votre travail qu'à celles qui le valorisent.

Essayez d'ajuster votre filtre mental en étant objectif avec ce que vous voyez. Imaginez que vous devez défendre votre cas devant un juge : quels arguments utiliseriez-vous en votre faveur ?

Une variante de cette erreur est de se comparer avec les autres. Si vous êtes dans un groupe de personnes au régime, vous risquez de vous sentir mal si les autres ont perdu plus de poids que vous, bien que vos résultats soient objectivement bons.

6. La disqualification du positif

C'est l'autre face du biais cognitif mentionné précédemment. Nous avons tendance à exagérer le négatif et à minimiser le positif, oubliant souvent de reconnaître les bonnes choses qui nous arrivent. Apprendre à valoriser ces moments positifs aide à équilibrer notre regard et à cultiver la sérénité.

Si un collègue de travail vous dit que vous avez l'air en forme, vous supposerez qu'il le dit par politesse et non pas parce qu'il le pense vraiment. Si vous suivez parfaitement votre plan nutritionnel pendant une semaine, vous considérez que c'est normal au lieu de vous féliciter pour votre réussite. Une technique stoïque pour atténuer ces émotions peu productives consiste à se remémorer régulièrement de tout ce que nous avons déjà accompli.

7. La prédiction du futur

Nous commettons souvent l'erreur de penser que nous savons ce qui va arriver. Nous considérons que les expériences passées prédisent toujours les expériences futures, mais ce n'est pas nécessairement vrai. En fait, votre état mental initial peut conditionner le résultat final. Si vous avez échoué dans votre dernier régime et que vous en commencez un nouveau mais avec peu d'attentes, il est possible que vous échouiez de nouveau. C'est la fameuse prophétie autoréalisatrice.

Voici certaines pensées qui illustrent ce biais cognitif : «*Comme j'ai échoué lors de mon dernier régime, j'échouerai à chaque fois*», «*Je ne serai pas capable de suivre ce régime, j'ai toujours fini par abandonner*», «*Je ne pourrai pas supporter l'entraînement, je vais me ridiculiser au fitness*».

Nos prédictions ne sont pas toujours correctes et l'unique manière de savoir ce qui arrivera vraiment est d'essayer. Ne formulez pas d'attentes négatives concernant l'avenir. Considérez chaque expérience comme une occasion d'apprendre, peu importe le succès ou l'échec.

Comme nous venons de le voir, la plupart des gens ont un biais cognitif envers l'avenir, mais chez certaines personnes, le problème est inverse : elles supposent que tout sera facile et qu'elles obtiendront rapidement des résultats. Lorsque les problèmes surviennent, elles se sentent frustrées et abandonnent. Réfléchissez à votre tendance naturelle et essayez de la contrebalancer avec des pensées plus ajustées à la réalité.

8. La lecture des pensées

Cela revient à supposer que nous savons ce que les autres pensent, alors qu'en réalité, nous projetons souvent nos propres insécurités.

Un exemple : «*Il m'a dit qu'il m'appellerait et il ne l'a pas fait, ça veut dire qu'il ne m'apprécie pas*».

Ou si le commentaire d'une autre personne nous blesse, nous supposons qu'elle l'a fait pour nous nuire. Jusqu'à preuve du contraire, partez du principe qu'elle n'avait aucune mauvaise intention.

Lorsque vous améliorez vos habitudes, vous pouvez craindre d'être mal perçu, voire impoli. Mais attention : ce sont souvent des suppositions. Les autres pensent rarement autant à vous que vous l'imaginez – ils sont bien trop occupés à penser à eux-mêmes !

Enfin, vous ne pourrez jamais contrôler les opinions des autres et, comme le diraient les stoïciens, elles sont donc indifférentes. Nous verrons plus loin les stratégies à mettre en place pour éviter que cette peur ne sabote vos objectifs à l'avenir.

9. L'étiquetage

Nous avons tendance à faire une évaluation globale de nous-mêmes (ou des autres) à partir d'incidents ponctuels : «*Je n'ai pas respecté mon régime un jour, alors je n'ai aucune discipline*», «*J'ai raté un examen, alors je ne suis pas un bon étudiant*», «*J'ai eu de la peine à effectuer cet exercice lors de mon entraînement, alors je suis nul*», «*J'ai fait quelque chose de stupide, alors je suis stupide*».

Si cela vous arrive, décrivez les faits objectivement et identifiez ce que vous pouvez faire pour éviter que cela se reproduise.

Et bien sûr, vous devez éviter de commettre cette erreur avec les autres. Les individus sont beaucoup trop complexes pour que l'on puisse les décrire avec une simple étiquette. Une mauvaise action ne fait pas de quelqu'un une mauvaise personne (le contraire est aussi vrai).

10. Les fausses obligations

Ce sont des pensées rigides sur ce que nous, les autres ou le monde devrions faire. Elles génèrent souvent colère, frustration ou culpabilité lorsqu'elles ne sont pas respectées. Certains psychologues désignent ce type de pensées comme la tyrannie des «je dois».

Lorsqu'il s'agit de notre propre comportement, nous nous imposons régulièrement des obligations imaginaires : «*Je dois...*», «*Il faut que je...*», «*Je devrais...*».

On ressent souvent le besoin de faire plaisir aux autres et on finit par mettre de côté nos propres intérêts. On considère que l'on doit atteindre tous nos objectifs ou tout faire parfaitement pour se sentir satisfait. Se fixer des objectifs irréalistes mène souvent à la déception, nourrissant frustration, découragement et affaiblissant l'estime de soi.

Ce biais cognitif s'étend aussi aux autres et à la vie en général. Nous croyons que les autres devraient nous traiter comme nous le souhaitons et que nous avons le droit de mener une vie facile et sans problème. Cela engendre un ressentiment chronique, une faible tolérance à la frustration et une tendance à se percevoir soi-même comme une victime.

IMPÉRATIFS DIRIGÉS VERS...	EXEMPLES	RÉSULTAT
SOI-MÊME	*Je dois perdre mes kilos en trop avant l'été.* — *Je devrais être capable de suivre le plan parfaitement.* — *Je devrais être capable de performer à 100% au travail et de maintenir ma vie sociale intacte.*	Culpabilité et remords de ne pas atteindre son idéal. — Stress inutile.
LES AUTRES	*Mon/ma partenaire doit me soutenir s'il/elle m'aime vraiment.* — *Ils devraient me traiter exactement comme je le souhaite.* — *Ils devraient me remercier de tout ce que je fais pour eux.*	Ressentiment envers les autres.
LE MONDE	*Le monde devrait être plus juste.* — *Il devrait être facile de trouver un travail qui me plaît.*	Faible tolérance à la frustration. — Mentalité de victime.

Soyez attentif lorsque des pensées impératives surgissent dans votre esprit comme «*je devrais...*» ou «*il faut que...*» et essayez de convertir ces exigences en préférences. Au lieu de *«Il faut que je mange»* essayez de penser *«Je préférerais manger»* ou au lieu de *«Je dois faire»* essayez de penser *«J'aimerais bien faire»*. Il s'agit de remplacer des demandes rigides par des préférences flexibles. Cette flexibilité cognitive permet de s'adapter à chaque contexte, en augmentant sa résilience face aux obstacles rencontrés. Évidemment, nous devons accepter notre responsabilité et essayer de nous améliorer, mais tout en nous donnant également une certaine flexibilité.

Concernant ce qui vous est extérieur, acceptez le monde tel qu'il est. Rappelez-vous la première règle d'Épictète : *«Des choses, les unes dépendent de nous, les autres ne dépendent pas de nous»*. Vous ne pouvez pas contrôler comment fonctionne le monde ou la manière dont se comportent les autres. Faites de votre mieux pour améliorer votre environnement et contribuer positivement à la vie des personnes qui vous entourent, tout en acceptant que le monde ne tourne pas autour de vos attentes.

En résumé, assouplissez les règles que vous vous imposez à vous mêmes. Acceptez vos imperfections et celles des autres. Concentrez-vous sur ce que vous pouvez maîtriser, et lâchez prise sur ce qui échappe à votre contrôle.

— AMÉLIOREZ VOTRE DIALOGUE INTERNE —

Apprendre à débattre de manière raisonnée avec vos émotions et vos pensées est une compétence importante pour améliorer votre comportement, mais cela requiert du temps. Dès qu'une pensée automatique survient, considérez-la comme une hypothèse à vérifier, pas comme une vérité, et évaluez rationnellement si elle correspond à la réalité.

Abordez ce processus avec un esprit curieux. Profitez de la pleine conscience stoïque (*prosochē*) pour identifier les pensées nuisibles et les transformer en pensées utiles.

PENSÉES NUISIBLES	**PENSÉES UTILES**
Elles sont basées sur des suppositions non démontrables.	Elles sont vérifiables.
Elles déforment la réalité.	Elles décrivent la réalité sans exagérer.
Elles s'expriment comme un besoin ou une exigence.	Elles s'expriment comme un désir ou une préférence.
Elles produisent des émotions intenses ou démesurées par rapport à la réalité.	Elles produisent des émotions modérées ou cohérentes par rapport à la réalité.
Elles entravent la résolution de nos problèmes et l'atteinte de nos objectifs.	Elles facilitent la résolution de nos problèmes et l'atteinte de nos objectifs.

Voici un tableau simple qui illustre quelques pensées négatives courantes et leur transformation en pensées plus constructives :

PENSÉES NUISIBLES	**PENSÉES UTILES**
J'ai échoué, je ne suis pas fait pour ça.	*Je n'ai pas obtenu les résultats escomptés, probablement parce que je n'ai pas entrepris les actions appropriées. Je vais réessayer, en changeant d'approche et en apprenant de mes erreurs.*
Je suis incapable de changer.	*Tout le monde peut changer, alors moi aussi.*
J'ai peur de faire quelque chose de nouveau.	*Je ne sais pas si cela fonctionnera, mai je vais faire de mon mieux.*
D'autres personnes obtiennent des résultats avec moins d'effort que moi.	*J'ignore les efforts que les autres fournissent. Certains on plus de facilités que moi, mais d'autres ont plus de difficultés que moi. Je vais simplement essayer de faire de mon mieux.*

IDENTIFIER SES VALEURS

Il faut considérer d'abord ce que nous sommes,
puis ce que nous voulons entreprendre.

• SÉNÈQUE •

Dans le chapitre précédent, nous avons vu comment nos émotions et nos pensées automatiques déforment la réalité et nous empêchent de voir avec clarté. L'étape suivante est de réfléchir sur ce que nous désirons réellement obtenir en évitant d'être influencés par les attentes de la société. Mais en réalité, avant de penser à ce que vous voulez faire, vous devez d'abord clarifier qui vous voulez être. Sans cette clarté, vos choix risquent d'être incohérents ou peu alignés avec vos valeurs profondes.

Dans un monde hyperconnecté où la pensée grégaire domine, il devient essentiel de prendre du recul pour retrouver sa propre perspective. Suivre le chemin défini par la société est très simple, mais, ce faisant, vous permettez à d'autres de choisir votre destin.

Penser par vous-même suscitera des résistances. On vous poussera à rester dans la norme et à ne pas remettre en question le chemin imposé. Dans la société actuelle, être normal implique d'être en surpoids, de manger mal, d'être sédentaire et de lire moins d'un livre par mois. Nous devons aspirer à quelque chose de plus que la normalité. Nous devons choisir notre propre chemin.

Ce voyage est tout autre que les voyages ordinaires où
un sentier bien choisi, les gens du pays qu'on interroge
empêchent qu'on ne s'égare. Ici le chemin le plus battu,
le plus fréquenté est celui qui trompe le mieux. Ainsi,
par-dessus tout, gardons-nous de suivre en stupide
bétail la tête du troupeau et de nous diriger où
l'on va plutôt qu'où l'on doit aller.

• SÉNÈQUE •

Les stoïciens nous encourageaient à valoriser les choses pour elles-mêmes et non pour leur popularité. Agissez par raison, non par imitation.

Que de loisirs on gagne, si l'on ne regarde pas
ce que le voisin a dit, fait ou pensé.

• MARC AURÈLE •

Il ne s'agit pas d'aller systématiquement à rebours de toutes les conventions sociales, dont beaucoup sont valables à bien des égards. Mais avant de commencer un voyage, nous devons penser à la destination que nous souhaitons atteindre, c'est-à-dire, à la personne que nous voulons devenir.

Les changements d'habitudes se soldent généralement par un échec parce que nous essayons de modifier nos comportements sans modifier notre identité. Cela peut fonctionner à court terme, mais si votre identité ne change pas, les nouvelles habitudes ne dureront pas, parce que cela requiert une force de volonté constante. Vous le verrez toujours comme une contrainte.

Quelle est la solution ? Changez votre identité, changez la manière dont vous vous percevez. Comme nous l'avons vu dans le chapitre précédent, vos croyances filtrent votre perception de la réalité. Vos comportements sont en partie les expressions de vos croyances et, si ces dernières changent, les comportements changeront aussi. Le changement profond commence à l'intérieur et se manifeste vers l'extérieur, pas l'inverse.

Évidemment, ce changement ne se produit pas du jour au lendemain. Vos expériences forgent vos croyances, qui façonnent votre vision de vous-même et du monde.

Par exemple, une faible estime de soi peut créer un comportement problématique avec la nourriture, qui devient alors une manière d'atténuer les émotions négatives. Essayer de contrôler les calories ne fonctionnera pas dans ces cas-là car le problème est plus profond. La véritable solution se trouve à l'intérieur de soi.

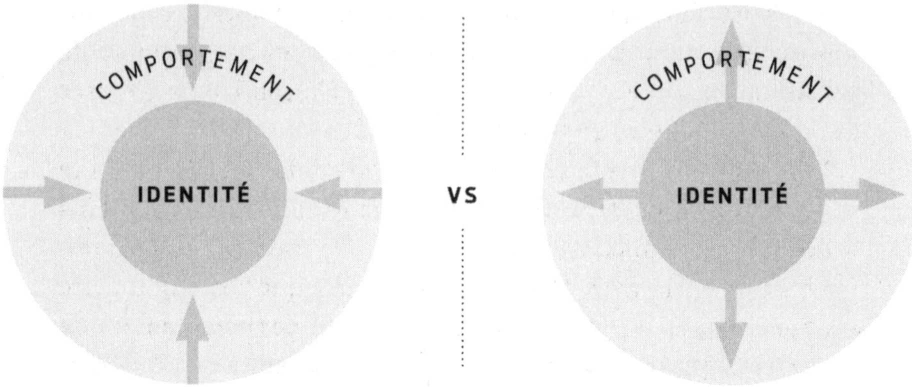

La première chose que vous pouvez faire consiste à commencer à modeler votre identité en réfléchissant à votre philosophie de vie. Le stoïcisme est une sorte de système opératif mental qui vous aidera justement à améliorer la manière dont vous vous percevez et à comprendre l'origine de vos pensées. Cela facilitera grandement l'amélioration de votre comportement.

— QUEL EST VOTRE OBJECTIF ? —

La vie de la plupart des individus n'est pas guidée par des choix réfléchis mais par l'inertie. Ce que nous percevons comme de la paresse est en fait généralement un manque de clarté. Si vous ne savez pas qui vous êtes, ni où vous allez, il est facile de se laisser porter par le courant.

A l'époque d'Aristote, les Grecs utilisaient le terme ***telos*** (τέλος) pour se référer à la fin, au *but ultime* de quelque chose. Par exemple, le *telos* d'un gland est de devenir un chêne. Comme nous l'avons vu, le telos d'un humain serait d'atteindre l'*eudaimonia* en agissant avec vertu et en maintenant sa tranquillité mentale. En extrapolant au monde de la santé, nous pouvons l'interpréter comme le fait d'atteindre une bonne santé physique et mentale, en développant de manière équilibrée toutes nos capacités et en nous approchant de notre plein potentiel. Pour autant, il ne faut pas devenir obsédé par un chiffre précis, comme une taille de pantalon ou un pourcentage de graisse. L'essentiel est de viser un équilibre sain et durable.

Plus qu'un résultat définitif, les objectifs que l'on se fixe doivent nous donner une direction à suivre et nous engager dans un processus d'amélioration constante. Ne cherchez pas à comparer votre corps avec celui des autres, parce que votre silhouette ou votre aspect dépendent d'une multitude de facteurs hors de votre contrôle, depuis vos gènes jusqu'aux éventuelles maladies contractées dans l'enfance. Il vous suffit d'offrir à votre corps tout ce qui lui est nécessaire : il se chargera du reste.

De la même manière qu'un gland ne deviendra jamais un chêne s'il ne tombe pas sur une terre fertile ou s'il ne reçoit ni eau ni soleil, votre santé ne s'améliorera pas si vous ne créez pas l'environnement adéquat pour son épanouissement. Et dans ce processus de découverte de soi, la réflexion sur vos valeurs joue un rôle important.

Quelles sont vos valeurs ?

La clarification de vos valeurs vous donne du pouvoir et en visualisant comment vous souhaitez vivre, cela vous aide à changer. Cette technique fait partie des thérapies cognitivo-comportementales et a démontré son efficacité contre une multitude de problèmes. Se fixer un but dans la vie vous aide à adopter de meilleures habitudes et à suivre le plan malgré les difficultés. Être guidé par des valeurs internes vous rend moins influençable face aux pressions sociales.

En définissant quelles valeurs sont importantes pour vous, vous pouvez adapter votre mode de vie pour que votre comportement soit en adéquation avec ce qui compte vraiment pour vous. Si vous décidez que vous valorisez votre santé mais que vous ne faites aucune activité physique, vous n'êtes pas cohérent. Être conscient de cette brèche entre ses valeurs et ses actes suffit bien souvent à initier le changement.

Suivre des principes clairs chaque jour procure plus de satisfaction que de courir après des plaisirs passagers et fuir les contraintes. On peut endurer beaucoup d'efforts quand ils sont porteurs de sens.

De quelle manière souhaitez-vous vivre ? Comment voudriez-vous que les autres se souviennent de vous ? Les stoïciens préconisaient de suivre certaines valeurs (vertus) tout en laissant la liberté à chacun de choisir la manière de les mettre en pratique dans la vie quotidienne. Voici quelques exemples :

— **Sagesse** - Vous pouvez considérer l'apprentissage constant comme l'une de vos valeurs. Il ne s'agit pas seulement d'accumuler des connaissances extérieures, mais aussi d'améliorer la compréhension de votre propre fonctionnement.
— **Courage** - Agir correctement en dépit de la peur est sans aucun doute une valeur primordiale. Cela vous rendra plus conscient des peurs qui vous limitent dans la vie et c'est une première étape nécessaire pour les vaincre.
— **Justice** - Les vies les plus épanouissantes ont un dessein qui dépasse les limites de l'individu. Aider les autres d'une quelconque manière, même simplement à travers l'exemple que vous donnez, enrichit votre vie.
— **Discipline** - N'importe quel objectif qui en vaut la peine requiert des efforts et des sacrifices. Faire en sorte d'obtenir les choses que vous souhaitez vraiment implique de renoncer à d'autres. La liberté est une valeur à laquelle de nombreuses personnes aspirent, mais elle requiert de la discipline : si vous n'apprenez pas à contrôler vos impulsions, vous en serez toujours l'esclave.

Les valeurs ne sont pas des objectifs que vous pouvez éliminer de votre liste une fois que vous les avez atteints, mais bien un idéal de comportement. Elles sont intrinsèquement liées à la personne que vous êtes.

Les valeurs comme la santé, la liberté ou la créativité ne sont pas des destinations à atteindre, mais des directions qui orientent constamment nos choix et comportements au quotidien. Elles donnent du sens à nos actions plutôt qu'un but final à atteindre.

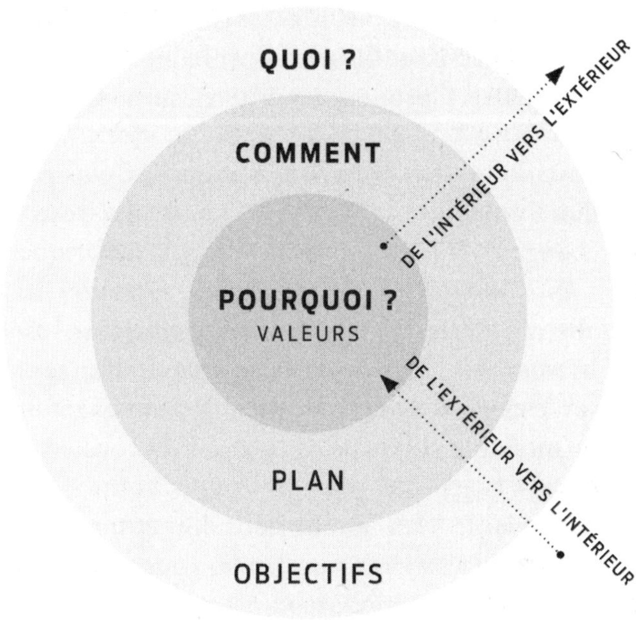

Une fois que vous avez réfléchi à vos valeurs, vous devez vous fixer des objectifs spécifiques en lien avec elles. Les objectifs représentent ce que vous souhaitez atteindre, les valeurs définissent pourquoi les viser et le plan détermine la manière d'y arriver. Tous ces composants doivent être intégrés dans l'équation. Maintenant que vous avez identifié votre moteur, la raison pour laquelle vous agissez, il est temps de passer à la définition des objectifs et à l'élaboration d'un plan d'action.

DÉFINIR SES OBJECTIFS

Qui ne sait pas vers quel port il doit tendre
n'a pas de vent qui lui soit bon.

• SÉNÈQUE •

Identifier clairement vos objectifs permet à votre mental de se concentrer sur les actions à entreprendre. Mais la manière de décrire ces objectifs influence la probabilité de les atteindre. La méthode SMART propose les critères suivants :

- **Spécifique** - Un objectif spécifique est plus facile à traduire en actions concrètes. Que voulez-vous vraiment changer ? *"Être plus mince"* est trop générique, *"perdre 5 kilos"* est davantage spécifique. *"Devenir plus fort"* est abstrait, *"être capable de faire 10 tractions"* est concret.
- **Mesurable** - Vous devez définir des indicateurs concrets sur lesquels se base l'objectif et qui indiquent de manière quantifiable si vous êtes en train de vous en approcher ou pas.
- **Atteignable** - Un bon objectif doit être ambitieux mais atteignable. Si c'est trop facile, vous ne serez pas motivé, si c'est trop ambitieux, vous serez découragé avant même d'avoir commencé.
- **Relevant** - L'objectif que vous vous fixez doit être relevant, c'est-à-dire *pertinent pour vous*. Il ne s'agit pas de faire plaisir à quelqu'un de votre entourage ou de chercher l'approbation des autres.
- **Temporellement défini** - Fixer une date concrète à un objectif lui donne de la matérialité et fait que notre cerveau se concentre sur lui.

Enfin, les objectifs que vous vous fixez doivent être sous votre contrôle. Évitez les objectifs du type *«être apprécié par les autres»* qui ne feront qu'augmenter votre anxiété. En somme, les bons objectifs se basent sur des éléments pertinents, sont alignés avec vos valeurs et dépendent de vos efforts.

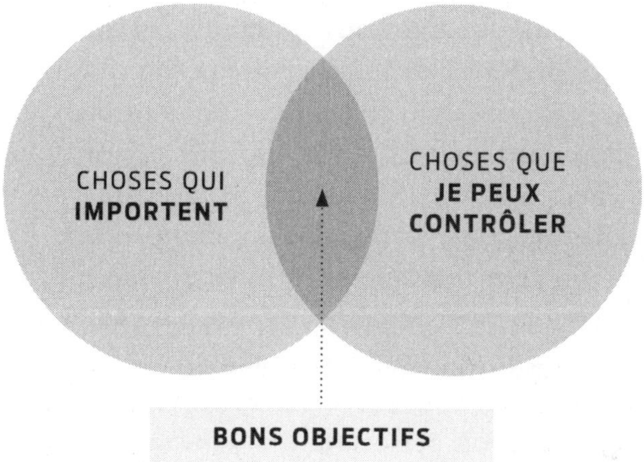

Ni obstiné ni versatile

S'obstiner à atteindre un objectif à tout prix développe peu à peu une sorte de « vision en tunnel » qui risque de vous empêcher de conserver une appréciation globale de la situation. Les objectifs vous aident à focaliser votre attention, mais maintenir une vision trop étroite trop longtemps peut vous amener à négliger les changements de contexte pertinents, voire à compromettre vos valeurs en agissant en désaccord avec vos principes. Et comme le plus important est d'agir avec vertu, n'importe quel objectif doit être considéré comme un indifférent préféré. Quelle que soit sa valeur intrinsèque, il ne devrait jamais vous dévier de vos principes.

Par exemple, être obsédé par le fait de perdre une quantité arbitraire de graisse peut conduire à adopter des pratiques dangereuses pour la santé (et les vendeurs de prétendus traitements magiques ne seront jamais à court d'arguments).

Installer des habitudes saines sur le long terme est bien plus précieux qu'une perte de poids rapide et temporaire. C'est cela qui garantit, finalement, des résultats durables et une meilleure qualité de vie. Ce n'est pas tant l'objectif qui importe que la manière dont vous l'atteignez.

De plus, à mesure que vous apprendrez et que vous expérimenterez, vos préférences changeront et ce qui vous motivait par le passé ne sera peut-être plus aussi stimulant demain (et c'est normal). Peut-être même qu'une nouvelle opportunité surgira sur votre chemin et vous amènera à reconsidérer vos objectifs.

Cette flexibilité est le signal d'une bonne santé mentale et vous permettra de vous adapter à un monde changeant. Il s'agit de maintenir la bonne direction sans craindre d'explorer des chemins différents et sans vous dénigrer si vous vous écartez momentanément du plan prévu. Vos objectifs doivent vous guider, pas vous enfermer. Il faut savoir persévérer avec constance, tout en restant flexible pour ajuster sa route quand nécessaire.

Les personnes versatiles se fixent des objectifs mais se lassent rapidement et se lancent déjà à la poursuite de nouveaux projets au bout de quelques semaines. Ces changements constants font qu'elles ne construisent jamais rien de pertinent. Elles laissent derrière elles beaucoup de fondations mais sans rien construire dessus. Elles commencent avec enthousiasme, mais lorsque surgit le premier problème, elles se démotivent complètement. Si vous vous reconnaissez, poursuivez votre lecture. Nous verrons plus loin des stratégies concrètes pour vaincre cette tendance.

En résumé, si l'objectif que vous poursuivez ne vous offre plus de motivation ou si une meilleure opportunité se présente, ajustez votre plan, mais n'abandonnez pas simplement parce que ce n'est pas aussi facile que vous le pensiez. Développer la capacité d'agir en dépit de la difficulté est fondamental pour améliorer votre santé et votre vie en général. Et pour finir, n'attendez pas d'avoir atteint tous vos objectifs pour vous sentir bien. Célébrez chaque action correcte. Rappelez-vous que le fait d'agir bien est déjà une récompense en soi.

ELABORER UN PLAN D'ACTION

Comme le taureau ne devient pas taureau du jour au lendemain, l'homme n'acquiert pas non plus la noblesse d'âme en un clin d'œil.

• ÉPICTÈTE •

Sans plan d'action, un objectif reste un simple voeux pieux. Une fois que vos objectifs sont clairs, vous devez définir les actions concrètes qui vous aideront à les atteindre. Si vos objectifs sont ambitieux, car il est, par exemple, question de votre santé, appuyez-vous sur l'expertise d'un professionnel.

Cela étant dit, ne commettez pas l'erreur d'attendre d'avoir un plan parfait. Vous n'avez pas besoin de voir la cime de la montagne pour faire le premier pas. Le problème des plans, c'est que nous devons les élaborer au début, alors que nous avons le moins d'informations disponibles. C'est pour cette raison que vous devrez actualiser votre plan selon les résultats obtenus et l'expérience que vous construisez au fur et à mesure du chemin. La planification est un processus constant et non une étape initiale.

Rappelez-vous enfin que les plans sont des guides et non des règles inviolables. Ne partez pas du principe que vous devez suivre le plan à la perfection. Évitez l'erreur cognitive antérieure du «tout ou rien». Faites de votre mieux, apprenez de vos erreurs et adaptez le plan à votre réalité. Un plan simple mais réalisable fonctionnera mieux qu'un plan parfait sur le papier mais impossible à suivre.

Finalement, un plan n'est rien d'autre qu'une série d'actions à réaliser. Certaines de ces actions doivent se faire seulement une fois et d'autres ont besoin d'être répétées continuellement.

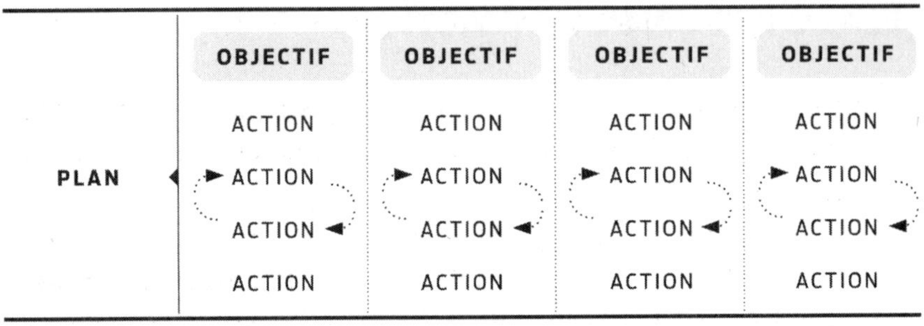

On peut se forcer ponctuellement, mais pour agir chaque jour, il faut adopter une mentalité différente. Manger bien une fois ne suffit pas pour perdre du poids, tout comme un seul entraînement ne fera pas gagner de la masse musculaire. Il faut transformer ces actions en habitudes, c'est-à-dire en actions régulières.

— CRÉEZ DES HABITUDES —

Tu dépendras moins de demain, si tu t'assures bien d'aujourd'hui. Tandis qu'on l'ajourne, la vie passe.

• SÉNÈQUE •

Se fixer des objectifs et définir un plan d'action est important, mais ce n'est pas suffisant. Les résultats sont toujours le fruit de la constance et non d'actes isolés. L'effet de petites actions répétées au quotidien se renforce avec le temps.

C'est pour ça que les stoïciens donnaient plus d'importance au chemin qu'à la destination. Il n'y a pas de ligne d'arrivée dans le processus d'amélioration. Si vous voulez perdre du poids, il est beaucoup plus efficace de vous concentrer sur le fait de manger bien et de faire du sport que de vous peser tous les jours. Être obsédé par le résultat ne vous aidera pas à l'atteindre.

Vous devez vous concentrer sur la prochaine action à entreprendre, sur ce que vous pouvez réellement changer ici et maintenant : le prochain repas, le prochain entraînement, l'heure à laquelle vous allez vous coucher ce soir.

Pourquoi la autant de personnes reprennent du poids après en avoir perdu ? Soit parce qu'elles ont abandonné en chemin ou soit parce qu'une fois leur objectif atteint, elles reprennent leurs anciennes habitudes et, avec elles, reviennent aussi les kilos perdus.

Les stoïciens savaient que la répétition de nos comportements – positifs ou négatifs – les renforcent, les solidifient. Si nous résistons une fois, il est plus probable que nous résistions également la fois suivante. Si nous cédons une fois, il est plus probable que nous cédions également la fois suivante. Mieux vaut un effort modéré mais constant qu'un exploit isolé sans lendemain. Chaque bonne action répétée est un investissement. Ses effets sont discrets au début, mais sont les seuls à même de produire un changement profond.

Si nous faisons un parallèle avec le monde de la finance, toutes les habitudes n'ont pas le même rendement. Certaines habitudes vous offrent un intérêt de 1 % et d'autres un intérêt de 10 %. Même des petites différences génèrent des résultats très différents avec le temps. Le graphique suivant représente par exemple la différence à long terme entre un 8 % et un 10 % en partant du même capital (ou situation initiale) et en réalisant les mêmes apports quotidiens (d'argent ou d'effort).

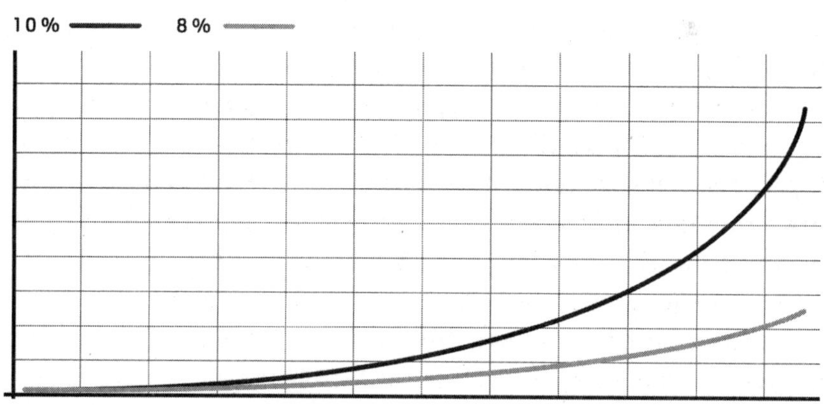

Les habitudes offrant le meilleur retour sur investissement varient selon chacun, mais celles qui améliorent la santé et le mental sont sans doute les plus précieuses : leur impact positif se répercute dans presque tous les aspects de la vie.

EVALUER SES PROGRÈS

C'est comme si je disais à un athlète : « montre-moi tes épaules » et qu'il me répondait : « regarde mes haltères ! » Allez voir ailleurs, toi et tes haltères ! Moi, je veux constater leur effet.

• ÉPICTÈTE •

Les choses que nous pouvons quantifier sont celles que nous améliorons. Nous avons besoin de mesures concrètes pour savoir si nous nous dirigeons dans la bonne direction. En mesurant nos résultats, nous savons si nos actions sont en train de fonctionner et nous pouvons les ajuster dans le cas contraire.

Si vous voulez travailler sur votre corps, vous devez mesurer régulièrement votre pourcentage de graisse corporelle et le nombre de kilos que vous êtes capable de soulever. Avez-vous perdu de la graisse ? Êtes-vous plus musclé qu'il y a quelques semaines ?

Connaître les réponses à ces questions ne vous aide pas seulement à réviser votre plan, mais aussi à vous apporter de la motivation. Voir vos progrès renforcera votre engagement dans le processus de changement.

Dans tous les cas, rappelez-vous que vous ne devez pas seulement mesurer le résultat, mais aussi le processus. Évaluez chaque jour si vous avez suivi correctement votre plan alimentaire, si vous avez fait l'entraînement que vous deviez, si vous avez suffisamment dormi... Il vous faut un système de mesure pour vérifier si vous consacrez réellement assez de temps aux choses qui comptent.

— ACCEPTEZ L'INCERTITUDE —

L'objectif principal de ce chapitre est de vous aider à voir la réalité avec plus de clarté, mais vous n'obtiendrez jamais aucune certitude absolue. Il y aura toujours des choses en dehors de votre contrôle et vous n'obtiendrez la tranquillité qu'en acceptant l'incertitude.

Le besoin de tout contrôler est une source majeure d'anxiété. Fixer une direction atténue un peu cette tension, mais l'avenir reste toujours aléatoire. Vous devez apprendre à tolérer un certain niveau d'incertitude et à prendre des décisions raisonnablement bonnes avec une information imparfaite. Si vous attendez d'avoir toute l'information disponible pour prendre une décision, vous ne passerez jamais à l'action. Exiger la certitude est la recette parfaite pour l'anxiété et la paralysie. Vous pouvez avancer sans avoir toutes les réponses.

Tout ce qui vaut vraiment la peine requiert d'avancer vers l'inconnu. Si vous exigez la certitude, vous n'oserez jamais essayer de nouvelles choses, et sans expérimentation, il n'y aura pas de progrès. N'importe quel changement implique de l'incertitude et plus vous voudrez de la certitude, moins il vous restera d'options. Pour créer quelque chose de nouveau, nous devons être disposés à renoncer à ce que l'on a connu jusque-là.

Comment améliorer votre tolérance à l'incertitude ? Pour commencer, transformez la crainte en curiosité. Est-ce que ça vous plairait de voir un film dont vous connaissez déjà la fin ? Certainement pas. Il en va de même avec votre vie. La certitude est ennuyeuse.

Interprétez vos actions comme des expérimentations que vous devrez ajuster en fonction des résultats. Ce processus vous apprendra à calibrer les risques et à gérer les contretemps. À long terme, vous obtiendrez de meilleurs résultats que si vous essayez systématiquement d'éviter les risques potentiels.

Quand l'incertitude vous paralyse, ramenez votre attention au présent et à ce que vous pouvez changer dans l'immédiat.

Passer à l'action renforcera votre sentiment de contrôle, ce qui est précisément le sujet du prochain chapitre.

Enfin, soyez confiant dans vos capacités de gérer les défis qui arriveront un jour ou l'autre. Marc Aurèle affirmait que nous ne devons pas craindre le futur. Premièrement parce que rien d'externe n'est réellement mauvais. Et deuxièmement, parce que quand ce futur arrivera, vous l'affronterez avec les mêmes ressources dont vous disposez actuellement. Plus vous travaillez sur votre mental, plus vous aurez confiance en vous-même au moment de vous confronter à l'inconnu. Souvenez-vous de ceci : le changement est la seule constante dans la vie, la seule chose qui ne change jamais. Ne le fuyez pas, accueillez-le.

PARTIE 3

AGIR AVEC DÉTERMINATION

Il ne s'agit plus du tout de disputer sur ce que doit être l'homme de bien, mais de lui ressembler.

• MARC AURÈLE •

La philosophie n'est point un art pour éblouir le peuple, une science de parade : ce n'est pas dans les mots, c'est dans les choses qu'elle consiste. Elle n'est point faite pour servir de distraction et tuer le temps, pour ôter au désœuvrement ses dégoûts. Elle forme l'âme, elle la façonne, règle la vie, guide les actions, montre ce qu'il faut pratiquer ou, au contraire, fuir.

• SÉNÈQUE •

Maintenant que vous êtes doté d'une vision claire, c'est le moment de la mettre en pratique en passant de l'intention à l'action. Dans ce chapitre, vous allez acquérir des outils pour mieux vous organiser et vaincre la procrastination.

Pour Épictète, une personne progresse lorsque sa philosophie se traduit davantage en actes qu'en paroles. L'important n'est pas notre capacité à réciter des principes stoïciens, mais à les mettre en oeuvre. Ainsi, votre corps ne s'améliore pas en lisant des livres sur l'entraînement ou la nutrition, mais en mettant leurs conseils en pratique.

CRÉER DU TEMPS

Si tu t'abandonnes maintenant à la négligence et à la paresse, si tu introduis sans cesse délais sur délais, si tu remets d'un jour à l'autre de faire attention à toi-même, tu ne t'apercevras pas que tu ne fais pas de progrès.

• ÉPICTÈTE •

Le temps est la matière première de la vie, une ressource non renouvelable qui s'écoule à un rythme constant, peu importe comment vous l'utilisez.

Ceux qui ont réussi des choses incroyables avaient les mêmes 24 heures quotidiennes dont vous disposez. Nous ne pouvons pas ajouter plus d'heures à nos journées, mais nous pouvons choisir avec soin à quoi consacrer notre temps.

Une fois que vous aurez estimé le temps quotidien dont vous aurez besoin pour votre processus de changement, vous devez le créer. Décider de faire de nouvelles choses implique presque toujours d'arrêter d'en faire d'autres. Par chance, la majorité des choses que nous faisons ne sont pas fondamentales. En éliminant le superflu, il nous reste l'essentiel. Le but ultime n'est pas d'en faire davantage, mais de se concentrer sur l'essentiel.

Pour les stoïciens, le temps était notre bien le plus précieux et ils s'étonnaient de la facilité avec laquelle nous le gâchons. Nous faisons de gros efforts pour ne pas perdre de l'argent, mais nous dépensons notre temps sans aucune considération.

Mais telle est la folie humaine : le don le plus mince et le plus futile, dont la perte au moins se répare, on veut bien se croire obligé pour l'avoir obtenu. Nul ne se juge redevable du temps qu'on lui donne, de ce seul trésor que la meilleure volonté ne peut rendre.

• SÉNÈQUE •

L'argent gaspillé peut se récupérer, mais le temps perdu l'est pour toujours. Soyez intransigeant pour protéger votre ressource la plus précieuse.

Sénèque proposait différents exercices mentaux pour nous faire prendre conscience de la valeur de notre temps. Il suggérait, par exemple, d'imaginer combien nous serions prêts à payer pour gagner du temps supplémentaire si l'on savait qu'il ne nous restait plus que quelques mois à vivre.

Nul ne s'inquiète de bien vivre. On cherche à vivre longtemps, tandis que bien vivre est loisible à tous, et vivre longtemps à personne.

• SÉNÈQUE •

Il est difficile de gérer ce qui ne se mesure pas et Sénèque proposait de tenir un registre de la manière dont nous utilisons notre temps.

Je tiens note de ma dépense. Je ne puis me flatter de ne rien perdre, mais ce que je perds, et le pourquoi et le comment, je puis le dire.

• SÉNÈQUE •

Dans le chapitre précédent, vous avez identifié les valeurs et les objectifs qui vous importent réellement. Vous devez maintenant analyser la manière dont vous utilisez votre temps en vérifiant si vous en dédiez suffisamment aux choses que vous valorisez.

Le simple fait de réfléchir sur la valeur du temps vous fera en prendre davantage soin, en évitant de le gâcher dans des activités triviales. Souvenez-vous : tout ce que vous entreprenez a un coût, et ce coût se mesure en temps.

La manière dont les stoïciens abordaient la gestion du temps se différencie beaucoup de l'approche actuelle qui consiste à améliorer la productivité. Il ne s'agit pas d'ajouter plus de choses dans notre agenda, mais de faire les choses importantes. L'objectif de la vie n'est pas de répondre à tous vos emails, ni de cocher toutes les cases d'une liste de tâches. Nous ne devons pas négocier notre temps, mais l'utiliser pour réaliser ce qui nous importe vraiment, ce qui nous rapproche de la personne que nous souhaitons devenir.

— VOUS N'AVEZ PAS LE TEMPS ? —

Tout le reste est d'emprunt, le temps seul est notre bien.

• SÉNÈQUE •

Le manque de temps est l'une des excuses les plus répandues parmi ceux qui essaient d'améliorer leur corps sans succès. Des pensées du type «je n'ai pas le temps» pourraient être considérées comme des *phantasia* contre lesquelles nous mettaient en garde les stoïciens : des impressions initiales non analysées. Plutôt que de supposer qu'il s'agit d'un fait réel, nous devons explorer cette impression et voir s'il y a une autre interprétation possible. Accepter de se dire «je n'ai pas le temps» peut favoriser une mentalité de victime. Dans la majorité des cas, quand quelqu'un affirme qu'il n'a pas le temps, c'est qu'il donne la priorité à d'autres choses, peut-être moins en phase avec ses valeurs. Avant de conclure que vous n'avez pas le temps, examinez votre quotidien de manière objective. Combien d'heures par semaine passez-vous sur les réseaux sociaux ? Combien d'heures à regarder la télévision ? Combien d'heures à sortir avec des amis ? Ce changement de perspective vous fait passer de victime à protagoniste, de sujet passif à sujet actif.

Appliquez la dichotomie du contrôle à tout ce que vous faites au quotidien. Évaluez quelles sont les choses que vous ne pouvez pas changer (pour le moins à court terme), comme l'obligation de travailler huit heures par jour ou d'étudier pour l'université. Analysez comment vous utilisez les heures restantes et quelles sont les choses que vous pourriez limiter ou éliminer. Pensez à la manière dont vous pourriez profiter des temps morts pour apprendre, par exemple en écoutant un podcast sur le chemin du travail ou lorsque vous êtes dans les transports. Marcher davantage et utiliser les escaliers vous permettra également d'introduire plus d'activité physique dans votre vie sans avoir besoin de plus de temps. Manger sainement ne nécessite pas plus de temps que de mal manger.

Pensez également à quel type de loisirs vous adonnez le week-end. Vous rapprochent-ils de vos objectifs ou vous en éloignent-ils ? Si vous n'êtes pas disposé à changer de loisirs pour vous aligner avec vos valeurs, c'est que vous leur accordez plus d'importance qu'à l'amélioration de votre santé. Dans ce cas, reconnaissez que le problème n'est pas le manque de temps, mais le manque d'implication personnelle. Ce n'est pas forcément négatif, mais il faut reconnaître qu'en agissant ainsi, vous avez quand même fait un choix.

Sévères économes de nos patrimoines, s'agit-il de dépenser le temps, nous sommes prodigues à l'excès du seul bien dont il serait beau d'être avares.

• SÉNÈQUE •

Demandez-vous s'il y a certaines choses que vous pourriez déléguer. Si employer quelqu'un pour vous aider à faire le ménage permet de vous libérer quelques heures dans la semaine, faites-le et dédiez ces heures à améliorer votre santé. Vous ne ferez pas de meilleur investissement.

En revanche, si vous vous sentez constamment débordé, il est possible que votre problème ne soit pas le manque de temps mais plutôt la trop grande quantité d'objectifs. Dans ce cas, vous avez besoin de vous concentrer davantage.

— FOCALISEZ VOTRE ATTENTION —

Tant qu'on marche à l'aventure, sans suivre de guide que les vagues rumeurs et les clameurs contradictoires qui nous appellent sûr mille points opposés, la vie se consume en vains écarts, cette vie déjà si courte.

• SÉNÈQUE •

L'approche actuelle de la productivité est presque toujours basée sur le fait d'en faire davantage en remplissant chaque moment de nos agendas avec de nouvelles tâches.

Le problème de cette approche est qu'elle donne la même importance à toutes les tâches quotidiennes. Cela nous procure de la satisfaction lorsque nous achevons une tâche, quelle que soit sa valeur.

En divisant vos efforts sur beaucoup de petites tâches, vous perdrez en efficacité. Il est important dans ce cas d'appliquer le principe de Pareto, en dédiant la majeure partie de votre temps aux activités qui ont le plus d'impact.

Le problème, à nouveau, n'est pas le manque de temps, mais le manque de priorisation. Si vous consacrez beaucoup de temps à des activités qui ont un faible impact, il vous restera peu de temps et d'énergie pour les activités qui ont un impact élevé.

Si vous vous sentez perdu et que vous n'obtenez pas de bons résultats, passez en revue les objectifs que vous vous êtes fixés. Lorsque vous avez de nombreux objectifs, apprenez à les prioriser.

Concentrez-vous sur les deux ou trois plus importants et ignorez le reste pour le moment. Comme le dit le proverbe, celui qui poursuit deux lièvres à la fois risque de n'en attraper aucun. Mieux vaut bien faire peu de choses essentielles que de mal faire beaucoup de choses inutiles.

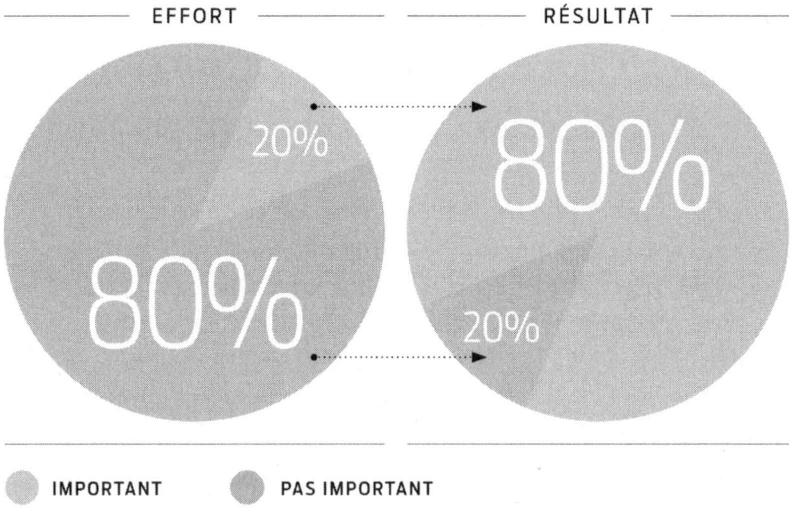

Une autre source fréquente de stress est notre tendance à nous disperser. Nous savons ce que nous devons faire, mais nous nous laissons distraire constamment par des activités qui n'ont pas beaucoup d'intérêt. En général, nous protégeons ce à quoi nous attribuons de l'importance, pourtant la majorité d'entre nous ne protège pas son attention.

Vous devez comprendre que votre attention a une grande valeur, c'est pour ça qu'une multitude d'entreprises se battent pour elle. Vous devez vous demander quelle part de cette valeur vous préservez et quelle part vous donnez gratuitement à des entreprises comme Netflix ou Instagram.

Votre attention est limitée, et si vous la divisez entre mille choses sans importance, il ne vous en restera plus beaucoup pour ce qui compte vraiment. En dispersant votre attention, vous réduisez votre efficacité.

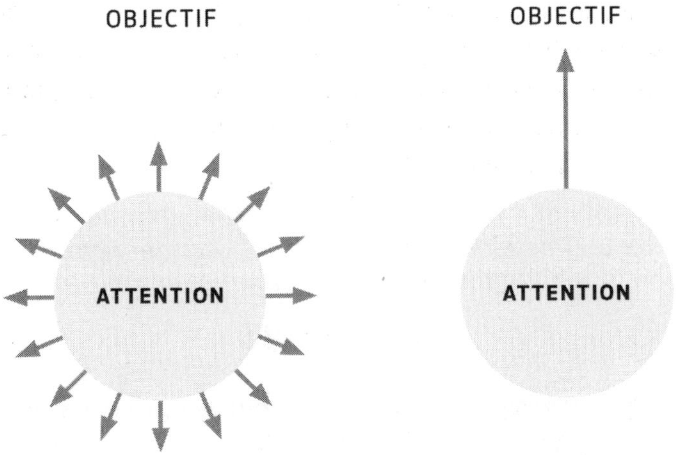

Épictète posait souvent la question suivante à ses élèves : qu'est-ce que nous faisons le mieux lorsque nous n'y prêtons pas attention ? Il s'agit d'une question rhétorique car la réponse est évidente : rien. L'attention renforce l'action, le manque d'attention la dégrade. Pour faire correctement le peu de choses qui importent vraiment, nous devons leur accorder toute notre attention.

A chaque heure applique-toi de tout ton soin à faire ce que tu as sur les bras et veille à te libérer de toutes les autres préoccupations. Tu t'en libéreras, si tu accomplis chaque action de ta vie comme si c'était la dernière, dépouillée de toute légèreté d'esprit, de répugnance passionnelle à l'empire de la raison, de fausseté, d'égoïsme, de dépit contre la destinée.

• MARC AURÈLE •

Le concept de *prosochē* (*pleine conscience*), si pertinent au moment d'examiner nos émotions et de déterminer la réponse adéquate, est tout aussi important à l'heure d'agir. Vous devez concentrer votre attention sur ce qui est sous votre contrôle, c'est-à-dire l'action présente. Cela implique nécessairement de réduire considérablement les éléments superflus dans votre vie, en commençant par les distractions dénuées de sens.

— ÉLIMINEZ LES DISTRACTIONS —

En effet, la plupart de nos paroles et de nos actions n'étant pas indispensables, si on les retranche, on n'en a que plus de loisir et de tranquillité. C'est pourquoi il faut, en toute occasion, se remettre en mémoire : « ceci ne serait-il pas une des choses qui ne sont pas indispensables ? »

• MARC AURÈLE •

Achète, non pas l'utile, mais l'indispensable. Ce qui n'est pas utile, ne coûtât-il qu'un as, est trop cher.

• SÉNÈQUE •

Le processus d'amélioration de votre vie et de votre corps requiert du temps. Choisir ce que vous devez éliminer est aussi important que choisir vos objectifs. Chaque fois que vous dites «oui» à quelque chose, vous êtes en train de dire «non» à une autre. Soyez rigoureux dans le choix des activités qui méritent votre temps. Consacrez-vous assez de temps à votre propre amélioration ?

Dans la majorité des cas, vous n'avez pas besoin de plus de temps, mais de moins de distractions. Nous sommes tous limités en temps, en énergie et en attention. Choisir une action implique de renoncer à une autre. Si vous voulez accomplir quelque chose dans votre vie, vous ne pouvez pas vous laisser distraire par les derniers faits divers et autres modes passagères. Comme disait Épictète : «*Quand on te dit que tu ne sais rien, si tu n'en es pas piqué, sache qu'alors tu commences à être philosophe*».

Beaucoup de gens se plaignent de ne pas avoir le temps pour s'entraîner ou pour cuisiner, mais ils publient des photos sur Instagram tout au long de la journée ou passent des heures devant la télévision chaque soir. Une fois de plus, le problème n'est pas le temps, mais les priorités que l'on se fixe.

Une autre chose non moins nécessaire, c'est de te souvenir que chacun des actes auxquels on se livre a son mérite propre et son harmonie avec le tout. En prenant ainsi les choses, tu n'auras jamais de mécomptes, puisque tu n'auras pas donné à des choses inférieures plus de prix qu'elles n'en ont réellement.

• MARC AURÈLE •

Une multitude d'entreprises investissent des millions pour découvrir la manière d'attirer votre attention et de manipuler votre comportement. Résistez. Avant tout, préservez votre attention pour la diriger vers ce qui compte vraiment : la réalisation de vos objectifs.

Comme le disait Marc Aurèle : «*A chaque heure applique-toi de tout ton soin à faire ce que tu as sur les bras avec une gravité adéquate et sincère et veille à te libérer de toutes les autres préoccupations*». L'attention que vous accordez à quelque chose doit correspondre à sa valeur. N'espérez pas obtenir de bons résultats si vous dédiez beaucoup de temps à des choses sans valeur.

Les moindres de nos actions devraient satisfaire au rapport de finalité.

• MARC AURÈLE •

Marc Aurèle n'avait pas besoin de résister à l'attraction des réseaux sociaux et n'était pas bombardé de vidéos virales, mais son temps était extrêmement sollicité. Pendant que le peuple se distrayait en assistant à des combats de gladiateurs et autres divertissements de l'époque, il s'efforçait chaque jour de minimiser ses distractions pour concentrer son attention sur sa mission. Vous devez faire la même chose.

Les distractions qu'offre la technologie sont addictives. Elles nous procurent un plaisir immédiat mais une sensation générale d'insatisfaction à long terme. À l'approche de la mort, personne de sensé ne regrette d'avoir passé trop de temps devant la télévision ou sur les réseaux sociaux à regarder des vidéos de chats (même s'ils sont adorables, reconnaissons-le !). Ce que vous souhaiterez, c'est avoir accompli des choses dont vous êtes fier et avoir consacré davantage de temps à ce qui comptait vraiment pour vous.

Comme nous le verrons, cela ne veut pas dire que vous devez vous isoler. La distraction planifiée, comme une forme de repos et de relaxation est acceptable et nécessaire. Cela devient problématique lorsque les distractions accaparent tout votre temps et vous font procrastiner sur les activités qui vous rapprochent de vos objectifs.

— APPRENEZ À DIRE «NON» —

En plus de limiter les distractions liées à votre environnement, vous devez vous protéger des demandes des autres. Limitez les compromis sociaux et refusez les sollicitations peu raisonnables. Ne cédez pas facilement votre temps ni votre attention. Il est difficile de dire «non» car nous ne souhaitons pas nous mettre en porte-à-faux avec les autres. Mais gardez à l'esprit que chaque fois que vous dites «oui» à d'autres, vous êtes en train de dire «non» à vous-même. À quelles priorités êtes-vous en train de répondre ? Aux vôtres ou à celles des autres ?

Bien que chaque sollicitation paraisse insignifiante prise isolément, leur accumulation représente un temps considérable.

Les promesses que vous faites s'accumulent comme autant de dettes. Lorsqu'arrive le moment de faire la chose à laquelle vous vous êtes engagé, vous vous rendez compte de son véritable prix. Mieux vaut payer le prix présent de dire non que le prix futur d'avoir dit oui.

Cela ne veut pas dire qu'il ne faut pas aider les autres, mais ne vous placez pas en dernière position et ne permettez pas que les autres décident de ce que vous devez faire de votre temps. Par ailleurs, si vous n'êtes pas bien dans votre peau, vous aurez du mal à être utile aux autres.

VAINCRE LA PROCRASTINATION

Tu préfères attendre demain pour devenir un honnête homme au lieu de l'être dès aujourd'hui.

• MARC AURÈLE •

Ne fais pas comme si tu devais vivre dix mille ans. L'inévitable est suspendu sur toi. Tant que tu vis, tant que c'est possible, deviens homme de bien.

• MARC AURÈLE •

Quel est le point commun de toutes les choses que vous repoussez à demain ? Vous n'avez pas envie de les faire. Le simple fait de penser à elles vous rend anxieux. Pour éviter cette sensation, vous repoussez l'action et vous vous réfugiez dans des activités de faible valeur ou vous vous laissez happer par les distractions.

Paradoxalement, la meilleure stratégie pour calmer cette sensation n'est pas de la fuir mais de s'y confronter. En passant du mode « réflexion » au mode « action », cet inconfort lié à l'anticipation va disparaître. Affronter le problème, c'est le premier pas vers sa résolution. Pour autant, il est fondamental de développer des stratégies pour vaincre cette résistance et pour passer de la réflexion à l'action. C'est ce que nous verrons dans ce chapitre.

Il y a plusieurs raisons pour lesquelles nous procrastinons et nous les aborderons séparément. Parfois, ce que nous interprétons comme de la résistance est en réalité un manque de clarté. D'autres fois, nous avons notre plan en tête mais le défi paraît si grand que cela nous paralyse. Bien souvent, c'est la peur de l'échec qui nous empêche de faire le premier pas. Et généralement, ce qui nous retient est tout simplement la paresse. Pour tous ces obstacles et beaucoup d'autres, vous trouverez des solutions dans les lignes qui suivent.

— GARDEZ VOTRE OBJECTIF EN TÊTE —

Le matin, quand il te coûte de te réveiller, que cette pensée te soit présente : c'est pour faire œuvre d'homme que je m'éveille. Vais-je donc être encore de méchante humeur, parce que je pars accomplir ce à cause de quoi je suis fait, en vue de quoi j'ai été mis dans ce monde ? Suis-je constitué à cet effet, de rester couché et me tenir au chaud sous mes couvertures ?

• MARC AURÈLE •

Les stoïciens n'étaient pas immunisés contre la paresse. Même Marc Aurèle avait de la difficulté à se lever le matin et il aurait pu parfaitement céder à ses désirs. Rappelons qu'il était l'empereur de Rome, c'est-à-dire l'homme le plus puissant du moment. Il aurait pu déléguer ses tâches et continuer à dormir, mais il savait que ce n'était pas juste. Il avait une mission à accomplir.

Dans notre cas, peut-être que nous ne gouvernons pas des empires, mais nous sommes les empereurs de nos vies et nous avons aussi une mission que nous devons mener à bien. Dans ces moments où vous sentez que la paresse s'empare de vous, rappelez-vous vos valeurs et ce que vous voulez atteindre dans votre vie. Visualisez à quel point vous vous sentirez fier de vous être efforcé de faire quelque chose qui en vaut la peine, de vivre selon vos valeurs et d'être un exemple pour les autres.

Aussi, que tout effort se rapporte toujours à une fin, qu'il vise toujours un but.

• SÉNÈQUE •

En plus de visualiser votre objectif final, vous devez examiner votre plan d'action. Si vous ne savez pas quelle est la prochaine action à entreprendre, vous douterez au moment d'agir.

Votre plan d'action est-il assez concret ? Sinon, travaillez à le préciser. Il est essentiel de savoir exactement ce que vous devez accomplir chaque jour. En cas de doute, n'hésitez pas à consulter un-e expert-e, quelqu'un qui a déjà réussi ce que vous voulez entreprendre.

— COMMENCEZ PETIT —

Le fait de visualiser votre objectif vous aidera à surmonter la paresse, mais cela peut aussi créer un autre problème. En comparant votre version idéale avec votre version actuelle, l'écart peut vous sembler si grand que le simple fait de penser à la difficulté ou au temps qu'il vous faudra pour changer vous paralyse au lieu de vous motiver. La solution est simple : passez d'une vision d'ensemble à une approche détaillée. Gardez la destination finale en tête, mais concentrez-vous uniquement sur le prochain pas, en faisant en sorte qu'il soit abordable.

Si vous placez la barre trop haut, vous risquez de vous bloquer. Diminuez vos exigences pour faciliter le passage à l'action. Simplifier le plan vous aidera à vous concentrer sur l'essentiel. Plus vous avez de choses inutiles dans votre vie, plus cela accentue votre charge mentale.

Par exemple, au lieu de vous engager à vous entraîner pendant une heure, envisagez de faire seulement 5 minutes d'exercice. Au lieu de changer toute votre alimentation, envisagez d'améliorer d'abord le petit-déjeuner.

Une fois que vous commencerez, vous vous rendrez compte que ce n'était pas aussi difficile que ça en avait l'air. Probablement qu'au lieu de vous entraîner pendant seulement 5 minutes, vous le ferez pendant 10 ou 15 minutes. Et une fois que vous aurez amélioré votre petit-déjeuner et que vous remarquerez un changement, vous aurez envie de mieux manger le reste de la journée.

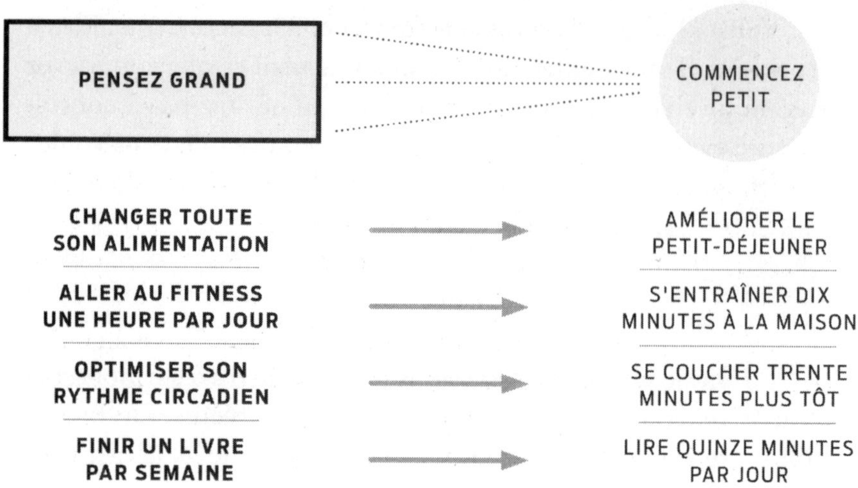

C'est la première loi de Newton appliquée au comportement humain : les objets au repos tendent à rester au repos mais si vous créez un mouvement initial, l'inertie le maintiendra facilement en mouvement. De plus, le mouvement nourrit la motivation, et une fois lancés, nous éprouvons le besoin d'aller jusqu'au bout de l'activité.

Vous pouvez utiliser aussi cette stratégie quand vous n'avez pas assez de connaissances pour élaborer un bon plan. Nous devons nous confronter au problème pour connaître sa véritable taille. A travers l'action, nous convertissons les problèmes abstraits en défis concrets.

Demandez-vous quelle est la plus petite action qui vous rapprochera de la direction correcte et commencez par là. Avec chaque action, vous gagnerez un peu plus de clarté et cette nouvelle connaissance améliorera la qualité de votre plan futur. Pensez en grand mais commencez petit.

— ABAISSEZ VOS STANDARDS —

Le perfectionnisme est une autre forme de procrastination, une stratégie d'autodéfense erronée. Si nous ne pouvons atteindre la perfection, pourquoi est-ce que ça vaudrait la peine d'essayer ?

Pour éviter que la peur de l'imperfection vous paralyse, abaissez vos standards. Il faut d'abord accepter l'imperfection pour atteindre la maîtrise. Rien qu'il vaille la peine de maîtriser n'est facile dès le début.

Essayez simplement de vous diriger dans la bonne direction, en sachant que vous trébucherez et que vous vous perdrez de temps en temps. Il ne s'agit pas d'être parfait, mais de s'améliorer progressivement.

Beaucoup de gens craignent d'aller au fitness en pensant qu'ils sont trop faibles ou pas assez agiles. Par honte de faire le ridicule devant les autres, ils préfèrent ne rien faire. Ne comparez pas votre situation actuelle avec celle de personnes qui s'entraînent depuis des années. Tout le monde est perdu au début, vous devez accepter les erreurs car elles font partie du chemin.

Une fois que tu t'es fixé des buts, tu dois t'y tenir comme à des lois qu'on ne peut transgresser sans impiété.

• ÉPICTÈTE •

Un effet dérivé de ce perfectionnisme est de penser que nous devons avoir toute l'information nécessaire avant d'agir. S'informer et apprendre est important, mais il est plus important encore de mettre progressivement en pratique ce que vous êtes en train d'apprendre.

Quand vous commencez à vous y intéresser à un domaine, quel qu'il soit, vous trouverez une multitude de stratégies, d'options et d'avis sur la question. Cette masse de données peut provoquer une paralysie par analyse. Si vous attendez d'avoir fait le tour de toute l'information disponible avant d'agir, vous ne commencerez jamais.

N'attendez pas d'avoir un plan parfait pour faire le premier pas. Si nécessaire, commencez avec un plan imparfait et incomplet. Vous l'améliorerez au fil de vos résultats et des données recueillies. Des plans moyens suivis d'actions concrètes produisent de meilleurs résultats que des plans parfaits laissés à l'état d'idée.

— AGISSEZ EN DÉPIT DES ÉMOTIONS —

Es-tu donc fait pour l'agrément ? Et, en général, es-tu fait pour la passivité ou pour l'activité ? Ne vois-tu pas que les plantes, les passereaux, les fourmis, les araignées, les abeilles font leurs tâches propres et contribuent pour leur part au bon agencement du monde ?

• MARC AURÈLE •

Dans le chapitre précédent, nous avons exploré différentes émotions et nous avons vu comment les réguler. Cependant, nous ne pourrons jamais maîtriser entièrement notre état émotionnel. C'est pour cette raison qu'il est vital de comprendre que les émotions et les actions sont des éléments distincts, et il n'y a pas de raison qu'elles soient toujours alignées.

Par exemple, la psychologie positive essaie d'augmenter notre motivation à agir en se basant sur l'idée que l'action requiert de la motivation et que, sans ce sentiment spécifique, nous ne pouvons pas agir. C'est un mensonge. Vous pouvez agir correctement indépendamment de vos sentiments.

Bien sûr, il est plus facile de faire quelque chose quand nous sommes motivés, mais vous devez apprendre à dissocier l'émotion de l'action. Ce sont vos actions qui vous définissent, pas vos émotions.

Quand nous avons abordé la gestion des émotions, nous avons vu qu'il est possible de les ressentir sans qu'elles déclenchent automatiquement des actions. De la même manière, nous pouvons apprendre à agir même sans en avoir envie.

Alors toi, tu ne veux pas faire ce qui convient à l'homme ? Tu ne cours pas à la tâche qui est conforme à ta nature ?

• MARC AURÈLE •

N'attendez pas d'avoir envie d'agir correctement. Ne repoussez pas les solutions à votre problème. Bien sûr que la motivation facilite l'action, mais vous ne pouvez pas dépendre de son apparition capricieuse. Vous devez apprendre à agir correctement, que vous en ayez envie ou non.

On nous bombarde de messages qui nous poussent à dire ce que nous pensons et à agir selon nos envies. Bien souvent, c'est une mauvaise stratégie. L'authenticité est surévaluée. Préférez-vous confier votre vie à un chirurgien « authentique » ou à un chirurgien professionnel ? À celui qui opère bien seulement quand il en a envie, ou à celui qui le fait toujours avec compétence ? Il vaut mieux être professionnel qu'authentique.

Un professionnel est quelqu'un qui dit et agit correctement indépendamment de ses sentiments. Rappelez-vous que vos émotions vous trompent régulièrement.

Quand il s'agit d'améliorer votre corps, n'essayez pas d'être authentique, soyez professionnel. Vous n'avez pas envie de vous entraîner ? Entraînez-vous sans en avoir envie. Vous n'êtes pas motivé pour préparer un bon repas ? Préparez-le sans motivation. Beaucoup de personnes sont professionnelles dans leur travail mais n'appliquent pas la même stratégie dans leur vie privée.

Être professionnel implique d'agir comme le ferait la meilleure version de vous-même. Rappelez-vous que vos émotions sont passagères mais que vos actions perdurent. Quand nous voyons des prouesses qui nous inspirent, nous ne nous demandons pas si leurs auteurs étaient motivés ou pas, s'ils ont agi avec envie ou pas, nous voyons simplement le résultat. C'est souvent l'action qui produit la motivation et non le contraire. En agissant, vous obtenez des résultats et ces résultats vous motivent à continuer. L'action devient la source de la motivation au lieu de sa conséquence. Par exemple, en commençant à vous entraîner, votre corps se réchauffe et la résistance diminue. En agissant sur notre physique, nous changeons notre mental. En activant le corps, nous modifions nos sentiments et nos pensées. L'action retire de l'énergie aux émotions négatives qui se réduisent rapidement lorsque vous êtes plongé dans une activité qui en vaut la peine.

Cette capacité à séparer les émotions du comportement est très puissante et peut s'appliquer à beaucoup d'autres aspects. Par exemple, c'est souvent la peur qui nous paralyse et non la paresse. Dans ce cas, ne vous attendez pas à ce que la peur disparaisse mais agissez en dépit de cette peur. Une fois de plus, c'est l'action qui réduit la peur. Apprenez que ce que vous craignez n'est en réalité pas aussi terrible qu'il n'y paraît.

Non seulement vous vous rendrez compte que ce n'est pas aussi horrible que vous l'imaginiez, mais en plus, l'opinion que vous avez de vous va changer. Ce que vous répétez se renforce. Chaque fois que vous agissez malgré la réticence, vous améliorez votre confiance en vous. Chaque fois que vous passez d'un état d'anticipation à un état d'action, vous augmentez la probabilité de réussir à agir la prochaine fois aussi, et l'inconfort de l'anticipation s'amoindrit.

Au contraire, si à chaque fois que vous sentez de l'inconfort ou de la résistance, vous vous bloquez, cette réponse sera celle que vous renforcez.

De la même manière, n'attendez pas de vous sentir complètement préparé avant d'agir. Ce moment n'arrivera jamais. Bien sûr, vous devez vous préparer le plus possible mais la préparation absolue n'existe pas. Vous n'avez pas à consacrer six mois à étudier la nutrition et la programmation d'entraînement pour commencer à bien manger et à vous entraîner. Continuez à apprendre, mais mettez en pratique ce que vous apprenez, même si vous ne vous sentez pas prêt.

En résumé, n'attendez pas d'avoir l'état mental idéal pour agir. En dépit de la paresse ou de la peur, faites ce qu'il y a à faire. Ce sont vos actions qui changeront votre vie, pas vos pensées ni vos émotions. Agissez tout en ayant peur ou en ayant des doutes, mais agissez.

— PLANIFIEZ L'ACTION —

Rappelle-toi depuis combien de temps tu remets à plus tard. Si tu ne profites pas de cet instant pour te rasséréner, il passera, tu passeras et ce ne sera plus possible.

• MARC AURÈLE •

Plus vous rendez visible l'action que vous souhaitez exécuter et plus il est probable que vous la terminiez. Par exemple, si vous programmez dans votre agenda : *«19h : aller au fitness»*, vous irez vous entraîner plus souvent que si vous dépendez du fait de vous en souvenir. L'implémentation d'intention est un outil psychologique très puissant. Il consiste basiquement à planifier notre réponse face à une situation concrète : *«Si la situation X se présente, je donnerai la réponse Y»*. Quelques exemples :

- "Lorsque le réveil sonnera, je me lèverai du lit."
- "Quand on me servira du pain au restaurant, je demanderai de le reprendre."
- "Quand je terminerai de souper, je sortirai marcher 30 minutes."
- "A 22h au plus tard, j'éteindrai tous les écrans et j'irai dormir."

Compte tenu de sa simplicité, vous pourriez être tenté d'ignorer cette technique, mais des dizaines d'études démontrent son potentiel. Bien que vous n'en soyez pas conscient, dans votre mental se livre une bataille constante entre des options différentes : après manger, je sors marcher ou je regarde une série sur Netflix ? Le simple fait de programmer une réponse automatique fait que cette option resurgit dans votre cerveau et augmente sa probabilité d'être sélectionnée.

— ACCORDEZ-VOUS DES RÉCOMPENSES —

Mais de même que le ciseleur donne à ses yeux fatigués par une trop longue tension quelque distraction et quelque relâche et, comme on dit, les restaure, ainsi parfois devons-nous détendre notre esprit et le refaire par certains délassements. Mais que ces délassements soient aussi des exercices : tu tireras même de là, si tu le veux bien, quelque chose de salutaire.

• SÉNÈQUE •

Atteindre n'importe quel objectif complexe vous demandera du temps. Si vous retardez indéfiniment toute forme de récompense, votre cerveau développera une résistance qui rendra l'engagement dans le projet plus difficile. Tout comme vous devez faire en sorte que le premier pas soit le plus petit possible (et donc le plus facile à faire), vous devez intégrer des petites récompenses durant le processus.

Une stratégie validée scientifiquement et appelée le «conditionnement opérant» est une technique simple à implémenter :

- Faites une liste de choses que vous devez faire (et vis-à-vis desquelles vous avez l'habitude de procrastiner) et une autre liste de choses que vous aimeriez faire (mais qui ne contribuent pas à vos objectifs futurs).
- Faites un combo avec une tâche de chaque liste : quelque chose que vous devez faire et quelque chose que vous aimeriez faire.
- Quand vous faites ce que vous devez faire, vous pouvez vous accorder une tâche plus plaisante.

De cette manière, faire quelque chose qui améliorera votre avenir reçoit une récompense immédiate dans le présent, ce qui réduit la procrastination. Voici quelques exemples :

- Regarder des séries à la télévision seulement pendant que vous faites des exercices de mobilité.
- Prendre un shake protéiné de votre saveur préférée uniquement les jours où vous vous entraînez.
- Ecouter votre musique préférée seulement pendant que vous êtes à la salle ou que vous sortez pour marcher.
- Manger votre dessert de prédilection après 5 jours de régime ininterrompu (ou si vous ne pouvez pas attendre autant, inclure des petits écarts quotidiens uniquement quand vous respectez votre objectif calorique).

Évidemment, il y a toujours des restrictions. Si l'écart que vous vous autorisez dans le présent dépasse le bénéfice futur, le résultat net sera négatif, mais avec un peu d'imagination vous trouverez beaucoup de combinaisons favorables.

Vous pouvez aussi utiliser cette stratégie pour atteindre certains objectifs à court terme. Si vous devez passer 10 appels professionnels, offrez-vous un café après en avoir fait la moitié. Servez-vous de vos envies comme des récompenses pour accomplir ce que vous devez faire.

CRÉER SA TRIBU

Recours même aux anciens, toujours disponibles : l'aide nous peut venir de ceux qui ne sont plus, aussi bien que des vivants. Parmi ceux-ci faisons choix, non de ces gens à grands mots, mais de ces hommes dont la vie est un enseignement, qui disent ce qu'il faut faire et le prouvent en le faisant, et ne sont jamais pris à commettre ce qu'ils recommandent d'éviter.

• **SÉNÈQUE** •

De manière inconsciente, nous nous adaptons aux personnes qui nous entourent pour le meilleur comme pour le pire. Plus vous êtes au clair avec vos valeurs et plus vous serez à l'abri des influences externes, mais votre entourage vous influencera toujours.

Les stoïciens considéraient l'amitié comme l'une des choses indifférentes et préférables les plus importantes, mais ils étaient sélectifs dans leurs relations. Si certaines personnes facilitent notre processus d'amélioration, d'autres le rendent plus difficile.

Même s'ils n'utilisaient pas leur entourage comme une excuse et qu'ils affirmaient que nous pouvons nous améliorer dans n'importe quel lieu et en n'importe quelle compagnie, ils recommandaient de s'entourer de personnes qui partagent des objectifs similaires aux nôtres. Le changement est plus facile lorsqu'on est accompagné.

Les stoïciens avaient un fort engagement social mais, en même temps, ils affichaient une certaine distance avec la foule. Nous avons tendance à perdre notre propre identité au sein de la multitude en adoptant par imitation des comportements qui ne nous favorisent pas. Ils ne rejetaient pas la compagnie mais ils ne la laissaient pas les tirer en arrière. Sénèque proposait d'alterner solitude et compagnie.

Cherchons tour à tour la solitude et le monde. L'une fait désirer de revoir les hommes, l'autre d'habiter avec soi ; elles se servent mutuellement de correctif. La solitude guérit du dégoût de la foule, la société dissipe l'ennui de l'isolement.

• SÉNÈQUE •

La discipline est une bataille individuelle mais elle est très influencée par notre groupe social. Les habitudes se propagent comme si c'étaient des germes, en sautant d'une personne à l'autre. Si les membres de votre entourage ont tendance à prendre du poids, il est plus probable que vous en preniez aussi.

Hélas, nous vivons dans une société où les mauvaises habitudes sont socialement acceptées. Personne ne vous regardera bizarrement parce que vous mangez des croissants trois fois par jour tous les jours, que vous êtes sédentaire ou que vous buvez de l'alcool tous les soirs.

Heureusement, ce ne sont pas seulement les mauvaises habitudes qui sont contagieuses mais aussi les bonnes. La manière la plus efficace d'améliorer vos habitudes est de vous entourer d'un groupe dont les habitudes sont similaires à celles que vous souhaitez adopter.

Il ne s'agit pas de s'éloigner des autres, mais il est important de déterminer quels sont vos objectifs et de passer plus de temps avec les personnes qui vous aideront à les atteindre. Si vous faites partie d'un groupe qui va s'entraîner régulièrement ou qui fait de la randonnée en montagne le week-end, vous adopterez ces habitudes plus facilement.

Si vos amis passent leur temps libre dans des bars en buvant de l'alcool, ce sera beaucoup plus difficile pour vous d'avancer sur votre chemin.

Souviens-toi que quand ton compagnon est sale,
tu ne peux pas te frotter à lui sans te salir, quelque
propre que tu sois toi-même.

• ÉPICTÈTE •

Cela étant dit, les stoïciens nous disaient aussi d'être patients et tolérants avec ceux qui ne partagent pas notre processus de changement et que leurs actions ne doivent pas nous faire perdre l'affection que nous avons pour eux.

Ceux qui te barrent le chemin où tu progresses selon la droite raison ne sauraient te détourner de la pratique du bien : qu'ils ne réussissent pas davantage à te faire perdre ta douceur à leur égard ! Au contraire, veille sur ces deux points aussi jalousement : non seulement un jugement et une conduite imperturbables, mais encore la mansuétude envers ceux qui tenteraient de te créer des obstacles ou d'autres ennuis.

• MARC AURÈLE •

En résumé, vous ne devez pas renoncer à votre objectif parce que ça ne plaît pas à certaines personnes, mais vous ne devez pas non plus abandonner ces mêmes personnes parce que votre processus de changement ne leur plaît pas. Ne vous disputez pas avec elles. En effet, beaucoup d'entre elles sont là où vous étiez vous-même il y a peu de temps.

ALTERNER ACTION ET REPOS

Il faut donner du relâche à la pensée : elle se relève, après le repos, plus ferme et plus énergique. Comme on ne doit pas trop exiger du champ le plus fertile qu'épuiserait bientôt une production non interrompue, ainsi l'esprit le plus vigoureux se brise par un labeur trop assidu. Il veut, pour reprendre sa force, être détendu, relâché quelque peu.

• SÉNÈQUE •

Il est impossible de maintenir la concentration sur une activité au-delà d'un certain temps. Dirigez toute votre attention sur la tâche que vous accomplissez, mais après un moment votre mental aura besoin de repos.

Les machines peuvent travailler de manière ininterrompue mais pas les humains. Si vous êtes obsédé par la productivité, vous chercherez à caser des tâches dans chaque petit moment, et il y aura toujours quelque chose de plus à faire.

Le problème de cette méthode est que votre mental s'épuisera, cela réduira le rendement et augmentera le risque d'abandon.

Il se passe la même chose pour votre corps. Après un entraînement, les muscles ont besoin de repos. Après plusieurs semaines de déficit calorique, vous aurez besoin d'augmenter les calories pour réactiver votre métabolisme et vous rassasier. Incorporer les repos nécessaires rendra le processus plus léger et soutenable.

Les stoïciens disaient que nous devons travailler chaque jour à nous améliorer, mais ils reconnaissaient aussi la valeur d'inclure des doses adéquates de relaxation. Regarder un moment la télévision ou consulter Instagram est permis, tant que cela reste une manière de vous récompenser des choses qui vous apportent réellement de la valeur.

Au contraire, beaucoup de personnes utilisent leur temps libre non pour relaxer leur corps et leur esprit mais pour s'évader de leurs responsabilités. Évaluez le temps que vous consacrez chaque jour à travailler sur vous-même et votre avenir, ainsi que celui réservé aux loisirs.Si la proportion de loisirs est trop importante, vous devrez redéfinir vos objectifs et vos priorités.

Tu ne cours pas à la tâche qui est conforme à ta nature ? Tu réponds : « il faut bien se reposer ». Oui, d'accord, mais la nature a donné des bornes au repos.

• MARC AURÈLE •

La proportion exacte entre effort et repos dépend de la situation et chacun doit trouver l'équilibre adéquat. Les efforts à moitié maintenus dans le temps vous donneront de meilleurs résultats que des efforts titanesques à court terme. La traversée du désert devient plus supportable lorsqu'on peut faire halte dans quelques oasis.

PRENDRE EN COMPTE LA CLAUSE DE RÉSERVE

La pensée positive peut être utile, mais les stoïciens ne se laissaient pas duper par des slogans vides tels que «tu peux le faire» ou «rien n'est impossible».

Comme nous l'avons vu précédemment, beaucoup de choses ne dépendent pas de vous. Vous pouvez avoir le meilleur plan et l'exécuter à la perfection, mais le résultat final dépendra en partie du hasard. Pour refléter cette réalité, les stoïciens utilisaient régulièrement le concept de « clause de réserve ».

Plus tard, les chrétiens (qui ont été influencés dans beaucoup de domaines par les stoïciens) ajoutaient les initiales D.V. en bas de leurs lettres pour *Deo Volente*, autrement dit *si Dieu le veut*.

Nous reconnaissons donc qu'au moins une partie du résultat échappe à notre contrôle, ce qui nous aide à prendre de la distance et à concentrer nos efforts sur les actions qui dépendent de nous. Si vous avez agi correctement, vous pouvez être satisfait, indépendamment du résultat.

Cette distanciation réduira aussi le risque que de mauvais résultats portent atteinte à votre estime, car le résultat final ne reflète pas votre valeur. Il y a une infinité de facteurs hors de votre contrôle. Certaines fois ils joueront en votre faveur, d'autres fois non.

Vous devez croire en vous et faire de votre mieux, mais vous devez aussi accepter qu'il ne soit pas du ressort de l'univers d'exaucer tous vos vœux. La clause de réserve n'est pas une excuse pour faire moins d'efforts, mais une stratégie pour éviter de se bercer d'illusions.

Comprendre que tout ne se déroulera pas comme vous l'espérez réduira votre frustration face aux problèmes qui surgiront. Cela vous permettra de vous adapter rapidement aux nouvelles circonstances en ajustant votre plan.

PARTIE 4

RÉSISTER AVEC DISCIPLINE

Dans les chapitres précédents, nous avons découvert comment vaincre la procrastination et la peur en passant de la planification à l'action. Il est temps maintenant d'approfondir ces stratégies qui vous aideront à maintenir le cap en dépit des défis que vous rencontrerez.

Tout au long de votre vie, il arrivera beaucoup de choses qui chambouleront vos plans et vous inciteront à abandonner vos projets. C'est précisément dans ces moments que les leçons stoïciennes ont le plus de valeur.

Comme nous l'avons vu, les stoïciens ne considéraient pas ces défis comme négatifs, mais comme des événements indifférents dont ils pouvaient tirer parti pour renforcer leur mental et pratiquer l'art de la discipline. Dans les pages qui suivent, nous allons passer en revue trois éléments qui ont tendance à nous freiner dans notre progression : l'adversité, la tentation et les critiques.

PARDONNER SES ERREURS

Avant de poursuivre, vous devez comprendre qu'échouer de temps en temps est normal. La seule manière de ne pas échouer est de ne pas essayer. Les stoïciens étaient conscients que le chemin vers l'amélioration n'est pas facile et ils mentionnaient l'importance de donner une réponse correcte à chaque rechute. Aussi, avant de penser à des actions externes, nous devons agir sur notre paix intérieure en commençant par l'autocompassion.

Lorsque nous commettons une erreur, nous avons tendance à y voir un échec, ce qui alimente un dialogue intérieur négatif.

Si un jour nous ne suivons pas à la lettre notre régime, nous avons tendance à culpabiliser de notre faiblesse et de notre incapacité à nous contrôler, or, se blâmer de la sorte ne fait qu'aggraver la situation. Cela augmente le stress et l'anxiété, ce qui nous pousse à chercher quelque chose qui nous apaise rapidement et bien souvent, on se console en mangeant de manière excessive. Le processus se répète en boucle.

La stratégie correcte est la stratégie opposée : autocompassion au lieu d'autoflagellation. Après une rechute, la réponse doit toujours être la même : se pardonner, se relever et continuer. Nous devons critiquer le comportement mais pas la personne.

L'énergie mentale que vous allez économiser pourra être employée à corriger votre comportement et c'est ce qui compte le plus.

De plus, nos erreurs sont rarement aussi graves que nous l'imaginons. Nous avons tendance à exagérer leur impact en raison d'émotions exacerbées liées au remords et à la culpabilité. Pour contrer cette tendance naturelle, il faut apprendre à relativiser nos erreurs grâce à certaines techniques que nous verrons plus loin.

Échouer ne fait pas seulement partie du processus, mais c'est aussi là que nous apprenons le plus. Nous devons arrêter de voir ces événements comme des échecs pour les considérer simplement comme indifférents (bien qu'ils ne soient pas préférés). Plutôt que de vous punir pour votre erreur, concentrez-vous sur les progrès accomplis et sur tout ce que vous avez déjà réussi.

Se pardonner n'implique pas de fuir sa responsabilité ni d'ignorer ses fautes, il s'agit simplement d'apprendre de ses erreurs pour s'améliorer. Une fois la sérénité retrouvée, vous pouvez vous recentrer sur la bonne action à mener ici et maintenant, libéré du poids du passé.

Les stoïciens eux-mêmes partageaient dans leurs lettres les échecs qu'ils vivaient et les actions correctives qu'ils adoptaient. Ils nous rappelaient que la vie bonne peut commencer à n'importe quel moment.

Il t'est loisible de revivre. Vois à nouveau les choses comme tu les as vues, car c'est là revivre.

• MARC AURÈLE •

Les principes du stoïcisme sont toujours à portée de main, peu importe à quel point vous avez dévié de votre chemin. Vous pouvez y revenir et les accueillir à n'importe quel moment.

Interprétez vos erreurs comme des informations pour identifier vos points faibles, car ce sont précisément les aspects que vous devez renforcer. Utilisez cette nouvelle connaissance pour adapter votre environnement et votre comportement. Prenez du recul sur votre rechute. Évaluez vos progrès dans leur ensemble et renouez avec votre engagement envers vos objectifs.

Par exemple, peut-être qu'un soir vous êtes arrivé à la maison après le travail et que vous n'aviez rien pour préparer rapidement un repas sain, alors vous avez commandé une pizza. Cela ne vous aidera pas à atteindre vos objectifs, mais ce n'est pas non plus la fin du monde. Au lieu de vous fustiger, analysez ce qui s'est passé. Quelle a été votre principale erreur ? Le manque de préparation. Qu'est-ce qui est dans votre zone de contrôle pour minimiser le risque que cela se reproduise ? Planifiez vos repas pour la semaine et veillez à toujours avoir de bonnes options alimentaires chez vous. Vous pouvez aussi préparer le repas à l'avance avant de partir travailler. Sans vous culpabiliser mais en prenant vos responsabilités.

SURMONTER LES DIFFICULTÉS

Je t'estime malheureux pour ne l'avoir jamais été. Tu as traversé la vie sans combat. Personne ne saura ta force, toi-même tu ne la sauras pas. Pour se connaître il faut s'être essayé. A l'œuvre seulement on apprend ce qu'on pouvait faire.

• SÉNÈQUE •

Changer est difficile y compris lorsque tout joue en notre faveur, mais cela le devient encore plus lorsque la vie se complique : des problèmes au travail, une rupture amoureuse, la perte d'une personne proche, une blessure, une maladie.

C'est surtout dans les épreuves de la vie qu'il est crucial de pouvoir se reposer sur une philosophie solide. Nous verrons plus loin quelques leçons stoïciennes qui vous aideront non seulement à affronter tout ce que le destin place sur votre chemin, mais aussi à tirer parti de ces circonstances.

— ACCEPTEZ LES CIRCONSTANCES —

La première étape est d'accepter la réalité en considérant ce qui est arrivé avec objectivité. Essayez de rester calme et de comprendre que tout ceci est normal. Beaucoup d'autres personnes ont vécu, vivent ou vont vivre une situation similaire. Cela n'a pas de sens de se plaindre pour des choses inhérentes à la vie. Au bout du compte, tout ce qui est externe est indifférent et nous ne devons pas permettre que cela nous affecte négativement. L'adversité est un indifférent non préféré que nous essayerons d'éviter, mais que nous accepterons quand elle se présentera… et elle finira toujours par arriver.

Dois-tu rien croire impossible de ce que tu sais pouvoir arriver à tant de mortels, de ce que tu vois arriver à tant d'autres ? Voici l'erreur qui nous aveugle et nous ôte notre vigueur d'hommes : nous souffrons ce que nous ne pensions jamais devoir souffrir.

• SÉNÈQUE •

Marc Aurèle affirmait que tenter de traverser la vie sans jamais rencontrer de difficultés serait aussi absurde que de vouloir ne percevoir qu'une seule couleur. De la même manière que les yeux acceptent la gamme de couleurs qu'ils reçoivent, vous devez accepter la gamme d'expériences que la vie vous présente.

En réalité, il est inévitable de se mettre en colère et de se plaindre au début. C'est une réaction automatique, naturelle et difficile à maîtriser. Cependant, il est important d'appliquer dès que possible les techniques de régulation émotionnelle évoquées précédemment, afin d'éviter de sombrer dans une spirale négative. Ces émotions et les comportements qu'elles génèrent sont souvent plus dommageables que l'événement lui-même. En effet, une mauvaise décision prise sous le coup de l'émotion peut rapidement engendrer un problème supplémentaire. Si votre pneu a crevé sur le chemin du travail, que vous vous énervez plus que de raison et que vous gâchez une présentation importante au bureau, c'est vous qui en êtes le responsable, pas le pneu. Nous nous agaçons facilement pour des choses qui ont très peu d'importance. Au lieu de nous énerver, nous devons simplement les accepter et lâcher prise.

Un concombre amer ? Jette-le. Des ronces sur le chemin ? Evite-les. Cela suffit. N'ajoute pas : « pourquoi donc ces choses-là existent-elles dans le monde ? » Tu prêterais à rire à l'homme qui fait son étude de la nature, comme tu prêterais à rire au menuisier et au cordonnier, si tu leur faisais reproche de ce que tu vois dans leurs ateliers des copeaux ou des rognures, déchets des matières qu'ils travaillent.

• MARC AURÈLE •

Une façon efficace de lâcher prise est de ne pas culpabiliser. Lorsque nous sommes confrontés à des événements négatifs, nous avons tendance à les ressasser mentalement et à en vouloir à tout le monde, y compris à nous-mêmes : «*Si cette personne n'avait pas fait ceci et si je n'avais pas dit cela, alors ...*». Souvenez-vous que la culpabilité engendre surtout la colère, une émotion très destructrice. Tirez des leçons de vos erreurs et de celles des autres, sans vous laisser tourmenter par le passé.

Il est d'un ignorant de s'en prendre à d'autres de ses malheurs. Il est d'un homme qui commence à s'instruire de s'en prendre à lui-même. Il est d'un homme complètement instruit de ne s'en prendre ni à un autre ni à lui-même.

• ÉPICTÈTE •

De plus, nous devons comprendre que notre bonheur dépend plus de notre disposition mentale que des choses qui nous arrivent. Nous envisageons en général le bonheur de manière conditionnelle : «*Quand ce problème sera résolu, alors je serai enfin heureux*». C'est peu probable. Une fois ce problème résolu, d'autres surgiront. La vie est une succession de problèmes. Pour les stoïciens, le bonheur vient de l'intérieur et il est indépendant de tout élément externe. On doit trouver la paix dans le présent imparfait.

Exprimer notre frustration peut générer une petite libération émotionnelle à court terme, mais cela ne résout et n'améliore rien. En fait, se plaindre tend à empirer la situation. Non seulement vous perdez une énergie que vous pourriez employer à chercher une solution, mais en plus le fait de se plaindre accroît votre niveau de stress et de frustration au fil du temps.

L'univers n'a rien contre vous, mais il ne vous doit rien non plus. Quelle que soit votre situation, elle est similaire à une partie au moins de la population. Certains disent qu'ils ne peuvent pas dédier du temps à leur santé parce qu'ils ont un travail très stressant, des enfants en bas âge ou beaucoup de responsabilités. Toutefois, beaucoup d'autres personnes avec des vies similaires trouvent la manière de rester en forme. Au lieu de vous plaindre de votre situation, acceptez ce que vous ne pouvez pas changer et cherchez à comprendre comment font ces personnes. Ne cédez pas à vos propres excuses.

> *Si l'on nous donnait le choix d'être heureux pour peu de temps, ou de ne pas l'être du tout, qui ne préférerait un bonheur passager à la privation totale de bonheur ?*
>
> • **SÉNÈQUE** •

Il ne s'agit pas de nier vos problèmes ou de faire semblant qu'ils n'existent pas, mais de les considérer avec la bonne perspective.

— CHANGEZ DE PERSPECTIVE —

Les stoïciens étaient des maîtres en matière de perspective et une part de leur entraînement consistait à adopter le point de vue le plus utile à chaque moment. Ils proposaient différentes stratégies concrètes pour y parvenir. Pour commencer, ils nous rappelaient que notre existence est insignifiante. Ils nous faisaient prendre conscience que toute notre planète n'est rien de plus qu'un minuscule point dans l'univers et nous-mêmes un minuscule point sur la planète. Ils proposaient de visualiser l'impermanence de toutes choses et la manière dont chaque génération est remplacée par la suivante en l'espace de quelques décennies seulement. Paradoxalement, être insignifiants enlève du poids à nos problèmes. Ce qui nous afflige tant n'est pas si grave après tout.

Comme conseil additionnel, demandez-vous si ce qui vous préoccupe aujourd'hui sera aussi important dans dix jours, dix mois ou dix ans. Si c'est quelque chose qui n'aura plus d'importance dans dix ans, il n'est pas nécessaire d'attendre autant. Essayez de faire en sorte que cela ne vous préoccupe plus dès à présent.

Les stoïciens proposaient aussi de voir les problèmes comme une sorte d'entraînement philosophique. Quand surgit un événement indésirable dans votre quotidien, profitez-en pour pratiquer votre philosophie. La majorité des problèmes sont insignifiants : vous arrivez en retard à une réunion, un verre s'est cassé, le lait a tourné, la voiture est en panne. Face à chaque petit problème, pratiquez l'art de créer de l'espace entre le stimulus et votre réponse afin de minimiser l'impact de chacun de ces événements. Vous pouvez le voir comme le prix à payer pour améliorer votre force face à l'adversité. En apprenant à gérer les petites contrariétés du quotidien, vous serez mieux armé pour relever les défis de demain.

Commence donc par les petites choses. On laisse couler ton huile, on vole ton vin. Dis-toi, « c'est à ce prix que se vend l'impassibilité, c'est à ce prix que se vend le calme ».

• ÉPICTÈTE •

Une autre recommandation stoïcienne pour mieux faire face à l'adversité est d'imaginer ce que nous dirions à une personne qui a le même problème. Nous percevons les événements différemment selon qu'ils nous touchent personnellement ou qu'ils arrivent aux autres. Il est souvent plus facile de garder son calme face aux difficultés des autres. Imaginez comment vous réagiriez si votre problème concernait quelqu'un d'autre, et essayez d'adopter cette même attitude.

Quelqu'un perd son fils ou sa femme ? Il n'est personne qui ne dise : « c'est la condition humaine ». Mais quand on fait cette perte soi-même, aussitôt de dire : « que je suis malheureux ! » Il faudrait pourtant se rappeler ce qu'on éprouve en l'entendant dire d'un autre.

• ÉPICTÈTE •

Demandez-vous aussi si vous avez un problème concret en ce moment précis. A part si vous souffrez de douleurs chroniques, vous n'avez aucun problème spécifique. La plupart des « problèmes » que nous percevons sont en fait des peurs liées à des événements possibles, présents ou futurs. Remettez vos inquiétudes au moment où elles seront réellement pertinentes.

Si vous souffrez d'une douleur physique, les stoïciens proposaient aussi des stratégies pour se distancier de cette douleur. Marc Aurèle souffrait de douleurs fréquentes et dans ses écrits, il expliquait différentes techniques pour les gérer. Il imaginait par exemple sa douleur confinée dans une seule zone spécifique, en évitant de penser à sa douleur comme quelque chose de global. Il divisait aussi le temps en se rappelant qu'il devait seulement gérer la douleur au fur et à mesure car elle finirait par passer. Il savait que la nature ne génère jamais une douleur que le mental ne puisse gérer.

Épictète avait une boiterie sévère provoquée par la maltraitance de ses propriétaires quand il était un esclave. Cependant, il ne passait pas son temps à penser à cette limitation ou à la douleur que cela lui procurait : «*Être boiteux est une contrariété pour la jambe, mais non pour la volonté. Dis-toi la même chose à chaque incident ; tu trouveras que c'est une contrariété pour autre chose, mais non pour toi»*. disait-il.

Aussi bien pour la douleur que pour le reste de nos problèmes, nous devons essayer de les maintenir circonscrits dans leur propre zone. Nous avons tendance à rassembler nos préoccupations en une sorte d'agglomérat mental, et ce faisant, nous laissons les problèmes relatifs à un domaine de notre vie contaminer tous les autres. Vous devez appliquer la stratégie du «diviser pour mieux régner» et évaluer les problèmes un à un en définissant des stratégies spécifiques pour chacun d'eux.

— AYEZ CONFIANCE EN VOS CAPACITÉS —

Rien n'arrive à aucun homme qu'il ne soit naturellement capable de supporter.

• MARC AURÈLE •

Nous sommes capables de tolérer beaucoup plus que ce que nous croyons. La nature nous a préparés pour supporter tout ce qui peut advenir, mais il s'agit avant tout de croire en cette capacité. Les stoïciens voyaient le mental comme un grand feu capable de s'alimenter de n'importe quel matériau.

Un feu ardent a vite fait d'assimiler ce dont on le charge. Il le consume et il y acquiert même de quoi s'élever plus haut.

• MARC AURÈLE •

Y compris dans les moments de grand désespoir, faites confiance à votre capacité de résilience. Pensez à toutes les personnes qui ont traversé la même épreuve que vous et qui s'en sont sorties. Elles ne sont pas différentes de vous.

En plus de croire en vos capacités, vous devez préparer votre réponse. Quelles sont les mesures concrètes que vous pouvez commencer à prendre pour améliorer votre situation ? Quelles sont les personnes qui sont passées par quelque chose de similaire et qui pourraient peut-être vous conseiller ?

A chaque occasion qui se présente, replie-toi sur toi-même et cherche quelle faculté tu as en toi-même pour te conduire. S'il se présente une fatigue à supporter, tu trouveras celle de l'endurance ; une injure, tu trouveras celle de la patience. Si tu prends cette habitude, tes idées ne t'emporteront pas.

• ÉPICTÈTE •

Plus vite vous passerez de la lamentation à l'action et plus vite vous réduirez les émotions négatives causées par ce qui vous arrive. D'un autre côté, pouvoir faire face à la situation n'implique pas de se mentir à soi-même. Si votre situation est vraiment difficile, vous devriez la reconnaître comme telle, mais vous laisser abattre ne vous fera pas avancer.

James Stockdale était un officier de l'US Navy passionné par la philosophie antique et en particulier la philosophie stoïcienne. En pleine guerre du Vietnam, le 9 septembre 1965, son avion fut touché par un tir ennemi mais il réussit à s'éjecter et à atterrir sain et sauf en parachute. Pendant sa chute, il pensa : *«Je suis en train de quitter le monde de la technologie pour rejoindre celui d'Épictète»*, conscient qu'il allait être traité comme un criminel et que le contrôle qu'il allait pouvoir exercer sur sa propre existence serait désormais extrêmement réduit. Il passa les sept années suivantes comme prisonnier de guerre, soumis à des conditions de vie dégradantes et à l'isolement. Grâce à sa philosophie, non seulement il supporta cette épreuve mais en plus il se convertit en leader du camp de prisonniers, en inspirant des milliers d'hommes. Des décennies plus tard, enfin libre, il affirma que ceux qui souffrirent le plus dans le campement étaient les optimistes, ceux qui pensaient qu'ils seraient libérés avant Noël ou avant l'été ou à n'importe quel autre moment important de l'année. En voyant que ce n'était pas le cas, que la réalité ne correspondait pas à leurs attentes, ils se laissaient totalement abattre. Les hommes qui tenaient bon étaient ceux qui, sans abandonner l'espoir, se focalisaient sur la manière de gérer l'adversité au jour le jour.

Acceptez votre situation, aussi difficile soit-elle, mais croyez en votre capacité pour la surmonter.

— ABORDEZ LES PROBLÈMES SOUS UN AUTRE ANGLE —

L'être raisonnable peut se faire de tout obstacle une matière et en tirer parti.

• MARC AURÈLE •

Les stoïciens entraînaient leur mental pour voir le positif et l'utile dans tout ce qui leur arrivait. Ils pratiquaient une espèce d'alchimie mentale en convertissant les obstacles en objets de valeur. Leur objectif était de remplacer une réaction naturelle : «*Qu'est-ce que j'ai fait pour mériter ça ?*», par une réaction plus productive : «*Comment puis-je en tirer parti ?*». C'est une extension de l'idée antérieure d'*amor fati*. Non seulement nous acceptons le destin, mais nous l'accueillons pleinement. L'adversité devient pour nous une matière première au service de notre progression.

Ni pauvreté, ni douleur, ni rien de ce qui pousse les esprits ignorants hors de la voie et dans l'abîme n'arrête le sage. Tu crois que le malheur l'accable ? Le malheur lui sert. Ce n'était pas d'ivoire seulement que Phidias savait faire des statues, il en faisait de bronze ; tu lui aurais donné du marbre, ou toute autre matière, qu'il en eût tiré des chefs-d'œuvre.

• SÉNÈQUE •

Nous avons une assez mauvaise capacité à juger notre situation avec objectivité. Ce qui nous semble bénéfique à court terme peut parfois nous nuire à long terme. A l'inverse, beaucoup de problèmes nous enseignent des leçons qui nous aideront toute la vie ou alors ils sont le mal nécessaire dont nous avions besoin pour transformer notre existence.

Ce qui semble parfois être la fin du chemin est seulement le début d'un autre chemin, différent et potentiellement meilleur. Mais pour le voir, vous devez rester attentif. Si vous vous focalisez uniquement sur la porte qui vient de se refermer, jamais vous ne pourrez voir toutes les nouvelles portes qui s'ouvrent à vous.

La destruction est souvent nécessaire pour donner de l'espace à quelque chose de mieux. Projetez-vous dans le futur et pensez à la manière dont vous pouvez utiliser ce qui vous est arrivé en votre faveur.

Si vous avez souffert d'une blessure, vous pouvez en profiter pour lire plus ou pratiquer de nouveaux mouvements. Vous en apprendrez davantage sur votre propre corps et sur les stratégies de réhabilitation. Un grave problème de santé est souvent le déclencheur pour commencer à prendre soin de son corps. Paradoxalement, la maladie peut inciter à vivre ensuite une vie meilleure.

Si vous avez démarré une affaire qui s'est soldée par un échec, pensez aux leçons que vous avez apprises. Rares sont les personnes qui rencontrent le succès dès leur premier essai et seulement celles qui apprennent constamment de leurs erreurs réussissent finalement à atteindre leur objectif.

Essayez de tout envisager comme une expérience dont le résultat est indifférent. C'est la leçon apprise qui importe et toutes les connaissances accumulées vous rendront meilleur.

— VOUS EN RESSORTIREZ PLUS FORT —

Il n'est d'arbre solide et vigoureux que celui qui souffre longtemps le choc du vent. Les assauts même qu'il essuie rendent sa fibre plus compacte, sa racine plus sûre et plus ferme.

• SÉNÈQUE •

Même si vous êtes incapable de voir le côté positif du problème auquel vous faites face, vous devez au moins interpréter ce qui vous arrive comme une opportunité pour renforcer votre mental et démontrer qui vous êtes vraiment. Vous ne connaissez réellement une personne que quand elle traverse des moments difficiles. L'adversité fait ressortir le pire chez certains et le meilleur chez d'autres. Qu'en est-il pour vous ?

C'est dans les situations difficiles que l'on juge de la valeur d'un homme.

• ÉPICTÈTE •

Les stoïciens utilisaient beaucoup d'analogies sportives. Ils voyaient par exemple l'adversité comme un adversaire à vaincre mais à qui il fallait souhaiter la bienvenue. Sans adversaire, les réussites n'ont pas de valeur.

Tu es homme de courage : mais d'où puis-je le savoir, si le sort ne te donne les moyens de montrer ton grand cœur ? Tu es descendu dans l'arène : si nul rival n'est là, la couronne est à toi, mais non la victoire.

• SÉNÈQUE •

Les muscles se renforcent sous la contrainte, en résistant régulièrement à la charge. Sans entraînement, ils s'atrophient – tout comme l'esprit, qui s'affaiblit si l'on fuit les difficultés au lieu de les affronter.

Offrons-nous aux coups de la Fortune, pour nous endurcir par elle et contre elle. Elle finira par nous rendre de force égale à la sienne. Le mépris du danger nous viendra de l'accoutumance. Ainsi, les marins se font des tempéraments qui résistent à la mer, les mains du laboureur sont calleuses, le bras du guerrier gagne du nerf pour lancer le javelot, les facultés les plus fortes de chaque homme sont celles qu'il a exercées.

• SÉNÈQUE •

De la même manière que les muscles se renforcent et sont capables de lever des poids toujours plus lourds, notre mental est capable de supporter des difficultés croissantes si on l'entraîne. Notre capacité d'adaptation est immense : avec le temps et la pratique, des problèmes autrefois insurmontables peuvent finir par nous sembler dérisoires.

Mais pour les âmes irréfléchies et qui ont foi en la Fortune, tous les événements ont une face nouvelle et inopinée et la nouveauté, chez ces sortes de gens, fait presque tout le mal. Vois pour preuve comme l'habitude leur donne le courage d'endurer ce qu'ils croyaient insupportable.

• SÉNÈQUE •

La manière dont nous percevons notre situation détermine en grande partie notre état d'esprit et notre réponse. Pour les stoïciens, se lamenter et se plaindre n'aboutit à rien et cela ne fait qu'empirer nos problèmes. Affronter ses problèmes sans se laisser abattre, c'est déjà transformer l'adversité en force – voire en source de bonheur.

Une vie soutenue par des objectifs est généralement une vie avec du stress. Il ne s'agit pas forcément de réduire ce stress, mais d'améliorer notre capacité à le gérer.

Nous souhaitons tous que notre vie raconte une jolie histoire mais les bonnes histoires requièrent des moments difficiles. Personne ne va au cinéma pour voir un film sur quelqu'un qui mène une vie parfaitement sereine. Se confronter à un certain niveau d'adversité et réussir à le dépasser est nécessaire pour mûrir et pour mener une vie qui en vaille la peine.

Toutes ces idées se reconnaissent aujourd'hui en psychologie sous le terme de « croissance post-traumatique ». Les événements les plus traumatisants sont parfois ceux qui nous apprennent le plus, en mettant en lumière des capacités dont nous ne soupçonnions pas l'existence. Cela nous amène à adopter un regard plus positif sur nous, à renforcer notre confiance et à nous rassurer vis-à-vis du futur. Traverser une épreuve difficile est aussi l'occasion de faire le tri dans nos relations : elle renforce les liens essentiels et éloigne les relations superficielles.

Enfin, cela induit généralement un changement dans les priorités et les philosophies personnelles. Par exemple, les personnes qui ont été proches de la mort affirment qu'elles vivent de manière plus consciente en trouvant davantage de valeur dans chaque moment.

— DEMANDEZ DE L'AIDE —

N'aie pas honte d'être aidé. Tu as à accomplir
la tâche qui t'échoit, comme un soldat à l'assaut
d'un rempart. Que ferais-tu donc, si une boiterie
t'empêchait d'escalader seul le créneau et que,
avec l'aide d'un autre, ce te fût possible ?

• MARC AURÈLE •

Pour autant, si vous vous sentez incapable de gérer la situation, demandez de l'aide. Quoiqu'il vous arrive, des milliers de personnes sont passées par la même situation et pourraient vous conseiller. Même si elles ne peuvent pas vous aider directement, elles peuvent vous offrir un soutien moral. Le fait de partager ses problèmes les rend plus faciles à supporter. Nous sommes biologiquement préparés pour surmonter les défis et les désastres, mais nous sommes très mal adaptés pour rester isolés.

Ne vous dites pas que vous représentez une charge pour les autres car nous souhaitons tous aider ceux qui en ont réellement besoin. Se sentir utile donne du sens à la vie. Laissez-vous aider.

RÉSISTER À LA TENTATION

Quant au désir, supprime-le absolument pour le moment. En effet, si tu désires quelque chose qui ne dépend pas de nous, infailliblement, tu ne seras pas heureux.

• ÉPICTÈTE •

Il vous sera difficile de mener une bonne vie si vos impulsions vous dominent. Si vous essayez de perdre du poids, mais que vous êtes incapable de vaincre la tentation pour les aliments ultra-transformés, vous obtiendrez difficilement des résultats.

Dominer le désir était déjà un défi au temps des premiers stoïciens et c'est pour ça qu'ils dédièrent beaucoup de temps à définir des stratégies pour y parvenir. Le monde moderne facilite l'accès à beaucoup des choses qui nous tentent en mettant notre volonté encore plus à l'épreuve. Dans un monde où la malbouffe est omniprésente et la sédentarité devenue la norme, le plaisir et la facilité nous séduisent constamment. Mais si nous y cédons sans résistance, nous finissons par en devenir les esclaves.

Quand la tentation nous guette, nous essayons de chasser cette pensée de notre esprit, mais en général c'est une mauvaise stratégie. Paradoxalement, essayer d'éliminer une pensée la renforce. Rien de mieux que de penser à dormir pour rester éveillé. Il faut donc accueillir nos pensées, les analyser et appliquer différents outils pour les contrôler. Il ne s'agit pas de s'autocensurer mais bien d'aligner nos actions avec nos convictions.

Pour nous libérer de la tentation et mener une vie plus saine, nous devons apprendre à réguler nos désirs. Voici ce que les stoïciens préconisaient :

1. Comprendre l'insatiabilité du désir
2. Évaluer les conséquences de céder à la tentation
3. Prendre de la distance
4. Planifier sa réponse
5. Modifier son environnement

— COMPRENDRE L'INSATIABILITÉ DU DÉSIR —

Quoi qu'on lui prodigue, on ne met pas un terme au désir, on lui fait faire un pas de plus.

• SÉNÈQUE •

Les stoïciens ignoraient la complexité de notre système de récompense interne ou l'existence des neurotransmetteurs qui le régulent, mais ils comprenaient parfaitement notre relation avec le désir et la tentation.

Ils savaient que le désir et le plaisir sont sans fin. Le plaisir est bref et au bout de quelques instants, le désir réapparaît. De plus, si nous cédons de temps en temps au désir, non seulement nous ne le calmons pas mais en plus nous l'alimentons. À chaque fois, nous avons besoin d'un stimulus plus intense pour éprouver le même niveau de satisfaction.

Notre cerveau croit trouver la satisfaction en comblant un désir, mais il se trompe : un autre surgit aussitôt. Ce cycle sans fin alimente une insatisfaction permanente et entretient l'anxiété.

Si vous êtes au régime et que vous avez très envie d'un biscuit, votre cerveau imagine le plaisir que vous éprouverez en le mangeant, alors qu'en réalité, le plaisir disparaît rapidement mais le remord persiste. Vous remémorer cette insatiabilité naturelle vous aidera à mieux gérer la tentation. Le désir fait des promesses que le plaisir peine à atteindre. Être conscient que votre esprit cherche à vous tromper vous aidera à moins tenir compte de ses demandes. Néanmoins, rappelez-vous que les stoïciens ne s'opposaient pas à prendre du plaisir avec modération de temps en temps, mais en le gardant toujours sous contrôle.

L'approbation de la foule, le pouvoir, les richesses, les jouissances des plaisirs. Toutes ces choses, pendant un temps, peuvent sembler convenir à notre nature. Puis soudain elles prennent le dessus et nous entraînent à la dérive.

• MARC AURÈLE •

Ils faisaient la distinction entre le plaisir généré par des événements externes et le plaisir que nous obtenons en faisant ce qui est juste. Le premier est temporaire, alors que le second est durable. L'objectif final est d'apprendre à obtenir de la satisfaction en résistant à la tentation.

— EVALUER LES CONSÉQUENCES DE CÉDER À LA TENTATION —

Quand une idée de plaisir se présente à ton esprit, fais comme pour les autres, prends garde de te laisser emporter, diffère d'agir, et obtiens de toi-même quelque délai. Puis représente-toi les deux moments : celui où tu jouiras du plaisir et celui où, après en avoir joui, tu te repentiras et t'accableras toi-même de reproches.

• ÉPICTÈTE •

Pour accomplir des choses importantes dans votre vie, vous devez valoriser le futur, ce qui implique de réaliser certains sacrifices dans le présent. Le désir pose problème car il valorise les gains immédiats tout en dissimulant les conséquences négatives à long terme.

Pour contrecarrer le désir, les stoïciens proposaient d'inverser ce biais en suivant la recommandation d'Épictète. Au lieu de penser à l'action qui suscite votre désir (par exemple fumer), pensez au moment immédiatement postérieur, quand vous regretterez votre geste et au futur, quand votre santé se détériorera. Pensez maintenant à la fierté que vous ressentirez à court terme de ne pas voir cédé à la tentation et au bénéfice pour votre santé que vous obtiendrez à long terme.

Nous devons changer le focus en pensant moins à l'objet de notre désir et plus aux conséquences de lui céder. Visualiser votre objectif futur vous permet d'augmenter son attractivité (et donc votre désir pour lui), en utilisant à votre avantage la motivation liée au désir. Ce faisant, vous dirigez votre motivation vers quelque chose de positif dans le futur et vous réduisez la tentation pour quelque chose de négatif dans le présent.

Ce processus a un bénéfice additionnel, c'est que pendant que vous le réalisez, vous êtes en train de retarder votre réponse. Habituez votre cerveau à ne pas réagir de manière impulsive face au stimulus externe en élargissant l'espace intermédiaire entre le désir et votre réponse. Même si vous finissez par céder à la tentation, la pratique est positive et, avec le temps, elle améliorera votre discipline.

— PRENDRE DE LA DISTANCE —

Quand on veut se faire une juste idée des mets et des plats qu'on a devant soi, on se dit : « ceci est le corps d'un poisson, ceci est le corps d'un oiseau ou d'un porc ». Ou bien encore, on se dit : « le vin est le jus du raisin, cette toge de pourpre est la laine d'un mouton, teinte avec la couleur sanguine d'un coquillage ». Voilà les idées qu'on se forme de tous ces faits, en suivant à la trace les réalités mêmes, et en les observant à fond pour savoir au juste ce qu'elles sont en soi. C'est avec la même franchise qu'il faut agir durant toute sa vie.

• MARC AURÈLE •

La distanciation cognitive est une technique très importante pour votre santé mentale. Utilisée pour contrôler le désir, elle permet de prendre de la distance avec ce qui nous tente en le considérant avec objectivité et froideur.

Selon les stoïciens, ce ne sont pas tant les objets externes qui nous tentent, que l'image idéalisée que nous en avons. En décomposant un objet en plusieurs parties, nous affaiblissons l'attractivité qu'il exerce sur nous.

Marc Aurèle utilisait cette technique avec tout ce qui le tentait. S'il avait envie de vin, il se rappelait que ce n'était rien d'autre que du jus de raisin fermenté ou s'il avait envie de la dernière toge à la mode, il se disait que ce n'était que de la laine tondue sur un pauvre mouton et teinte avec une substance quelconque.

Souvenons-nous que Marc Aurèle était l'homme le plus puissant de son époque. Il aurait pu obtenir tout ce qu'il voulait mais il savait que le fait de se laisser guider par le désir ne mène pas à une vie satisfaisante.

Pour en revenir à l'exemple du régime, n'oubliez pas que ce produit ultra-transformé qui vous tente n'est rien d'autre que de la farine raffinée avec de l'huile végétale et des quantités industrielles de sucre mélangé à des additifs et des colorants. Allez-vous vraiment compromettre votre santé pour ça ? Le plaisir immédiat offert par cette pâtisserie vaut-il plus que la satisfaction de vous sentir bien dans votre corps ?

Une fois de plus, cela ne signifie pas que vous ne pouvez pas céder de temps en temps et manger ce qui vous tente, mais de manière consciente et en gardant le contrôle. En définitive, il s'agit de cesser d'être prisonnier d'impulsions incontrôlées.

— PLANIFIER SA RÉPONSE —

L'arrivée de l'ennemi renverse ceux qu'elle trouve au dépourvu. Mais si avant la guerre on s'est préparé à la guerre, en bon ordre et dispos, on soutient aisément le premier choc, toujours le plus étourdissant.

• SÉNÈQUE •

Les stoïciens nous rappelaient souvent que l'ennemi nous fait plus de mal s'il nous attaque par surprise. Ils proposaient alors de devancer les obstacles en préparant notre mental à les gérer lorsqu'ils se présenteraient.

C'est dans cette optique que nous pouvons recourir à la stratégie d'implémentation d'intention. Comme nous l'avons vu précédemment, cela peut nous aider à gérer la procrastination mais également à vaincre la tentation.

Pour appliquer cet outil, vous devez identifier les principaux obstacles ou les situations qui vous font agir mal, en imaginant ensuite la réponse désirée. Voici des exemples concrets :

— « Si on m'offre du pain au restaurant, je demanderai qu'on le reprenne. »
— « Si on me propose des biscuits en réunion, je les éloignerai de moi. »
— « Si j'ai faim avant l'heure de manger, je boirai un verre d'eau. »

En programmant ces compromis avec vous-même, il vous sera plus facile de vaincre la tentation. Comme toujours, plus vous répétez l'action face à une situation donnée, plus cette association entre situation et action se renforcera. Avec le temps, le comportement automatique sera celui désiré.

Vous remarquerez qu'en améliorant votre discipline dans un domaine de votre vie, vous aurez plus de facilité à l'appliquer à d'autres domaines, en générant un cercle vertueux dans votre comportement.

— MODIFIER SON ENVIRONNEMENT —

Les stoïciens assuraient que nous pouvons exercer notre discipline n'importe où et en n'importe quelle compagnie, mais ils admettaient aussi que certains contextes sont plus favorables que d'autres.

Nous croyons que nous prenons des décisions rationnelles, mais notre comportement est influencé par une multitude de variables dont nous ne sommes pas conscients. Notre entourage est l'une de ces variables. Que le contexte définisse notre comportement n'est pas nouveau. *L'Odyssée* d'Homère présente un très bon exemple quand Ulysse s'attache à la proue de son navire pour ne pas succomber au chant des sirènes. Il est conscient de sa faiblesse et il décide d'agir sur son environnement pour ne pas dépendre uniquement de sa force de volonté.

En créant un environnement qui vous convient, vous aurez besoin de moins de discipline et vous pourrez dédier votre énergie à des choses plus productives. Commencez par définir les tentations auxquelles vous avez le plus de mal à résister et implémentez ensuite les changements adéquats pour minimiser leur attraction. Vous pouvez essayer par exemple de cacher les choses qui vous tentent et de rendre leur accès plus difficile.

Imaginons que votre problème principal est de lutter contre les produits ultra-transformés. Vous pourriez mettre en place les changements suivants :

- Faites vos courses au marché plutôt que dans les supermarchés. Dans les marchés traditionnels, il y a moins de produits industriels et si vous ne les voyez plus, ils vous tenteront moins.
- Si vous faites vos courses au supermarché, allez directement dans la zone des produits frais. Évitez les couloirs des céréales et des biscuits.
- Si ces deux premières stratégies n'ont pas fonctionné et que certains produits ultra-transformés finissent par

atterrir chez vous, gardez-les dans un lieu peu accessible, par exemple sur une étagère à laquelle vous ne pouvez accéder qu'à l'aide d'un escabeau.

— Si vous êtes sur le point de céder à la tentation, servez-vous une portion dans un petit bol. En mangeant directement depuis le paquet original, il est plus difficile de contrôler la quantité. S'il n'y a pas de contrôle visuel, vous finirez par trop manger.
— Si vous souhaitez conserver un aliment pas très sain dans le frigo, enveloppez-le dans du papier d'aluminium pour le rendre moins visible. Conservez la nourriture saine dans des récipients transparents pour la rendre plus visible.
— Utilisez des assiettes plus petites lorsque vous mangez des aliments peu recommandables pour en limiter la quantité.

Si votre principale distraction est la télévision, vous pourriez développer les règles suivantes :

— Cachez la télécommande. Si vous ne la voyez pas, vous aurez moins tendance à allumer la télévision.
— Quand vous avez fini de regarder la télévision, débranchez-la. Avec ce simple geste, ça vous demandera un effort additionnel pour la rallumer plus tard. Si vous voulez être encore plus radical, sortez les piles de la télécommande et rangez-les dans une boîte séparée.
— Là où vous laissiez d'habitude la télécommande, mettez un livre que vous souhaitez lire. Ce que nous voyons autour de nous conditionne nos actes.
— Désactivez l'option de lancement automatique de l'épisode suivant sur Netflix. Cette fonctionnalité vise à influencer votre choix par défaut. Avant, vous deviez appuyer sur un bouton pour voir l'épisode suivant. Désormais, on vous force à appuyer sur un bouton pour arrêter de le voir. La

différence est subtile mais ce petit changement a généré une augmentation importante du nombre d'épisodes visionnés en continu. C'est ce qu'on appelle « l'effet Netflix ».

En comprenant comment votre environnement vous conditionne de manière inconsciente, vous pourrez mieux le modifier pour le convertir en allié. Avec un peu de pratique, vous passerez du statut de victime de votre environnement à architecte de votre existence.

METTRE LES CRITIQUES EN PERSPECTIVE

Si tu veux faire des progrès, résigne-toi à passer
pour un idiot et pour un imbécile.

• ÉPICTÈTE •

Le mépris d'autrui n'atteint que l'homme
qui se méprise déjà lui-même.

• SÉNÈQUE •

Nous sommes des êtres sociaux et nous cherchons constamment à correspondre aux codes moraux du groupe. Cette recherche de la conformité sociale facilite l'organisation de sociétés complexes en promouvant le respect des règles basiques du vivre-ensemble. D'un autre côté, notre sensibilité à la critique nous rend facilement manipulables, ce qui complique notre processus de changement.

Généralement, ces critiques viennent de notre groupe le plus proche, ce qui renforce son effet sur notre comportement. Les amis et la famille sont une source de joie mais peuvent aussi être à l'origine d'émotions négatives.

Si vous aviez les mêmes habitudes que les autres mais que vous décidez de changer, certains l'interpréteront comme une attaque personnelle. Ils penseront que vous êtes en train de remettre en question leur comportement et, de manière plus ou moins subtile, ils essayeront de vous faire changer d'avis. Malheureusement, cette pression sociale est telle qu'elle peut nous conduire à abandonner nos efforts pour nous améliorer.

Les stoïciens étaient conscients de ce problème et proposaient des pistes pour gérer les critiques des autres sans porter préjudice aux relations et en minimisant l'impact sur notre tranquillité mentale. Voyons lesquelles.

— NE VOUS SOUS-ESTIMEZ PAS —

Maintes fois je me suis demandé avec étonnement : comment se fait-il que chacun, quoiqu'il se préfère à tous les autres, fasse moins de cas de sa propre opinion sur lui-même que de l'opinion d'autrui à son endroit ?

• MARC AURÈLE •

Comme le disait Sénèque, nous agissons trop souvent en étant guidés par l'instinct d'imitation plutôt que par la raison. Nous ressentons la nécessité de nous conformer aux attentes des autres et cela nous amène à agir de manière irrationnelle. Nous dépensons de l'argent que nous n'avons pas pour acquérir des choses dont nous n'avons pas besoin, dans le but d'impressionner des personnes qui comptent peu à nos yeux.

C'est justement quand on nous questionne ou quand on nous critique que nous devons nous rappeler nos principes et clarifier nos valeurs. Quelle opinion a le plus de valeur ? La mienne ou celle des autres ? Plus vous manquez de clarté sur vos intentions, plus vous êtes influençable. L'opinion la plus importante au sujet de votre vie doit être la vôtre.

Par définition, l'opinion des autres échappe à notre contrôle ; nous ne devrions donc pas nous en préoccuper. Nous devons apprendre à envisager les critiques comme des éléments externes, dont nous pouvons apprendre quelque chose, mais que nous ne pouvons pas changer. Et surtout, nous devons éviter que ces critiques altèrent notre état d'esprit: si nous laissons cela arriver, ce n'est pas la personne qui nous critique qu'il faut blâmer, mais plutôt nous-mêmes.

Agir contre nos principes pour éviter la critique est une forme d'asservissement. Notre conscience est plus importante que notre réputation.

Quelqu'un commet-il une faute à mon endroit ?
C'est son affaire. Pour moi, j'ai en ce moment ce que la nature universelle veut que j'aie en ce moment et je fais ce que ma nature veut que je fasse en ce moment.

• MARC AURÈLE •

Nous devons apprendre à contrôler notre mental en évitant qu'il soit influencé négativement par les autres. Comme le disait Épictète, tout comme nous ne laisserions personne maltraiter notre corps, nous ne devons pas permettre à quiconque d'abuser de notre esprit. Pourtant, c'est exactement ce que nous faisons lorsque nous laissons les autres diriger nos choix.

Si on confiait ton corps au premier venu, tu serais indigné. Et toi, quand tu confies ton âme au premier venu, pour qu'il la trouble et la bouleverse par ses injures, n'en as-tu pas honte ?

• ÉPICTÈTE •

Il est normal de vouloir être reconnu et accepté, mais votre tranquillité ne peut pas dépendre de ça. Vous vivrez toujours dans l'incertitude en cherchant l'estime des autres et, si vous l'obtenez, vous serez quand même anxieux à l'idée de la perdre. Par ailleurs, ce besoin constant de chercher l'approbation des autres peut être perçu comme un signe de désespoir, ce qui risque d'aggraver encore l'image qu'ils ont de vous. Si l'on perçoit chez vous une faiblesse, on n'hésitera pas à en profiter. En revanche, en vous respectant vous-même, vous inspirez confiance dans vos actes, ce qui engendre un plus grand respect de la part des autres.

Les bonnes actions favorisent les bons résultats. Il est probable que si vous accomplissez quelque chose d'important, cela génère du ressentiment chez certaines personnes. Ne les laissez pas vous freiner.

Vous n'arrêterez jamais de souffrir si vous réagissez émotionnellement aux critiques des autres. Si les mots vous contrôlent, n'importe quelle personne peut vous contrôler. Savoir prendre un moment pour réfléchir vous permet de reprendre le contrôle de la situation. L'antidote à la critique externe est l'estime de soi. Accordez plus de valeur à vos objectifs qu'à leurs opinions. Vous êtes la seule personne qui devra vivre avec les conséquences de vos actes.

— ÉVALUEZ LA CRITIQUE ET SON ÉMETTEUR —

Considère sans cesse ce qu'ils sont, ces gens dont tu invoques l'admiration, et quels sont leurs principes directeurs. Tu ne les blâmeras pas, s'ils bronchent malgré eux, et tu n'auras pas besoin non plus de leur admiration, si tu regardes à la source de leurs opinions et de leurs instincts.

• MARC AURÈLE •

Les stoïciens ne conseillaient pas d'ignorer toutes les critiques, mais d'évaluer leur valeur avant de se laisser influencer par elles. Vous devez écouter avec attention l'opinion des autres, mais ne l'acceptez pas sans l'avoir analysée au préalable.

Dans certains cas, ces critiques sont seulement des attaques personnelles et les stoïciens recommandaient alors de prendre avec humour ce type de réactions puériles. Si on vous attaque pour un fait qui est justifié, rigolez-en et acceptez-le. Une fois que vous acceptez vos défauts, personne ne peut les utiliser contre vous. Ils cesseront leurs efforts en comprenant que leurs attaques n'ont pas d'effet sur vous.

« On a plaisanté sur ma tête chauve, mes yeux malades, mes jambes grêles ou ma taille disgracieuse : quelle offense y a-t-il à entendre ce que tout le monde voit ? »

• SÉNÈQUE •

Si quelqu'un vous attaque de manière injustifiée, soyez compatissant envers son ignorance. Les stoïciens proposaient de voir ces personnes comme des enfants ou des animaux avec peu de capacité de raisonnement. De la même manière que personne ne s'offenserait parce qu'un enfant pleure ou qu'un chien aboie, il est inutile de se sentir offensé par les propos de ceux qui ignorent de quoi ils parlent.

Quand on te maltraite ou qu'on t'injurie, souviens-toi que celui qui parle ou agit ainsi, croit que c'est son office.

• ÉPICTÈTE •

Pour les stoïciens, les personnes agissent plus par ignorance que par malice. Cette manière de voir les choses les aidaient à contrôler la colère qu'ils ressentaient et diminuer le risque de se lancer dans des combats absurdes. Certaines personnes vous critiqueront toujours et espérer qu'elles ne le fassent pas revient à espérer que le figuier ne donne pas de figues. Au lieu de vous fâcher, vous pouvez essayer de leur expliquer votre point de vue, mais seulement si vous voyez que l'autre personne est disposée à changer d'opinion. Si elle se montre fermée à la discussion, ne perdez pas votre temps.

Qui sont donc ces gens dont tu veux attirer l'admiration ? Ne sont-ce pas ces mêmes gens dont tu dis qu'ils sont fous ? Tu veux donc être admiré des fous ?

• ÉPICTÈTE •

Évaluez la personne qui vous critique. Est-ce que c'est une personne que vous admirez ? Son comportement est-il un exemple pour vous ? Dans l'affirmative, prêtez une attention toute spéciale à son opinion et demandez-vous si vous avez commis une erreur. Ne partez pas du principe que sa critique est nécessairement valable, mais peut-être qu'elle a quelque chose à vous apprendre.

Ne voyez pas non plus de mauvaises intentions dans les critiques des autres, car parfois ils essaient vraiment d'aider. Dans n'importe quelle dispute, évaluez dans quelle mesure vous portez une part de responsabilité. Examinez votre propre comportement et demeurez ouvert à la possibilité que les autres voient quelque chose qui vous échappe.

En résumé, nous devons considérer les critiques comme des *phantasia*, ou *interprétations*, dont la validité doit être examinée avant que nous nous laissions influencer. Si elles ne sont pas légitimes, écartez-les et ne les laissez pas pénétrer dans votre forteresse mentale.

— MONTREZ L'EXEMPLE —

Ne te donne jamais pour philosophe et le plus souvent ne parle pas maximes devant ceux qui ne sont pas philosophes. Fais plutôt ce que les maximes prescrivent : ainsi, dans un repas, ne dis pas comment on doit manger, mais mange comme on le doit.

• ÉPICTÈTE •

Parfois, la résistance des autres est induite par nos efforts pour essayer de changer leur comportement. Par exemple, en constatant les bienfaits de bonnes habitudes de vie, vous ressentez l'envie d'aider vos proches, mais il est souvent difficile d'imposer un changement de l'extérieur.

Comme nous l'avons vu, les véritables changements viennent de l'intérieur. Tant que l'autre personne ne ressent pas le besoin de changer, elle résistera à toute pression extérieure, aussi bien intentionnée soit-elle.

Les stoïciens étaient conscients de ce principe, c'est pourquoi ils préconisaient de montrer l'exemple par les actes plutôt que par les mots.

Vous pouvez parler de ce que vous êtes en train d'apprendre, mais il est beaucoup plus important de le mettre en pratique. Si vous parlez de stoïcisme mais que vous continuez à perdre vos moyens face aux petites vicissitudes de la vie, c'est que vous n'avez rien appris.

Comme nous le rappelait Épictète : «*Ce n'est pas en rendant leur herbe aux bergers, que les brebis leur montrent combien elles ont mangé ; mais quand elles ont bien digéré leur pâture au dedans, elles produisent au dehors de la laine et du lait*». Dans le même esprit, vous devez digérer ce que vous apprenez, autrement dit, le mettre en pratique. Vos actions seront votre message et ceux qui le comprendront vous suivront. Agir est plus efficace que prêcher. Les gens prêtent plus attention à vos actes qu'à vos paroles.

Suivez vos principes, mais n'essayez pas de convertir les autres. En voyant vos progrès, beaucoup de personnes s'intéresseront au processus et elles seront plus réceptives à n'importe quelle proposition. Même ceux qui vous critiquaient finiront par vous admirer en secret lorsqu'ils constateront vos résultats.

Souviens-toi que si tu restes fidèle à tes principes, ceux qui se moquaient d'abord de toi, t'admireront plus tard.

• ÉPICTÈTE •

Enfin, gardez en tête que vous serez toujours attaqué en agissant correctement. Restez indifférent et continuez votre chemin.

FAIRE PREUVE DE PATIENCE

Rien de grand ne se produit subitement. Si tu me disais maintenant : « je veux une figue », je te dirais : « il faut du temps ». Laisse d'abord l'arbre fleurir, laisse-le produire ses fruits, puis laisse-les mûrir.

• ÉPICTÈTE •

Le désir de s'améliorer nous pousse à agir, mais nous devons ajuster nos expectatives à la réalité. La nature a ses propres rythmes, et bien qu'il y ait des chemins plus efficaces que d'autres, il n'existe pas de raccourci. N'essayez pas de faire disparaître en quelques semaines les problèmes accumulés durant des années. Ceux qui essaient constamment de chercher des solutions rapides finissent par ne rien obtenir. Leur impatience freine leurs progrès. Souvent, le chemin le plus long s'avère finalement être le plus court.

Ne perdez pas de vue vos objectifs à long terme, mais maintenez votre mental dans le présent et apprenez à profiter du processus. Célébrez chaque petite victoire et chaque petit pas dans la bonne direction. Faites bon usage de ce que vous possédez déjà en attendant la suite.

Beaucoup procrastinent avec leurs actions, mais espèrent ensuite des résultats rapides. Vous devez faire le contraire : soyez pressé d'agir, mais patient quant aux résultats.

Rappelez-vous que tout ce qui vaut vraiment la peine ne s'obtient pas d'un jour à l'autre. Les grandes œuvres architecturales furent construites par des personnes avec une capacité de visualisation à long terme. Si vous voulez que votre vie soit une grande œuvre, soyez patient et pensez en années, voire en décennies et non en jours ou en semaines.

PARTIE 5

LES ARMES DU STOÏCIEN

Comme les médecins ont toujours sous la main leurs appareils et leurs trousses pour les soins à donner d'urgence, de même tiens toujours prêts tes principes.

MARC AURÈLE

Comme nous l'avons vu, le stoïcisme est une philosophie pratique. Elle requiert d'intérioriser certains principes au début, mais uniquement pour les mettre en pratique ensuite. Pour vous aider à passer de la théorie à la pratique, les stoïciens proposent des exercices concrets qui font partie aujourd'hui de différents types de thérapies. Ils se réfèrent parfois à ces techniques comme s'il s'agissait d'armes qu'ils devaient garder à portée de main pour préserver leur résilience psychologique.

1. LA VISUALISATION NÉGATIVE

Aie tous les jours devant les yeux la mort,
l'exil et tout ce qui parait effrayant.

• ÉPICTÈTE •

Quelle est la pire chose qui pourrait vous arriver ? Comment y feriez-vous face ? Dans quelle mesure êtes-vous prêt à affronter les épreuves que d'autres rencontrent chaque jour ?

Les stoïciens recommandaient de penser régulièrement au pire. Cela peut paraître bizarre dans le monde actuel où on essaie de forcer un positivisme irréel. Cependant, partir du principe que la vie s'adaptera à vos désirs ne fait qu'amplifier votre frustration lorsque vous vous retrouverez confronté à des obstacles qui surgiront tôt ou tard. Comme le disait Sénèque, l'adversité à laquelle on ne s'attend pas est celle qui frappe plus fort.

Pour que l'adversité ne les prenne pas au dépourvu, les stoïciens pratiquaient une technique dénommée *praemeditatio malorum,* qui consiste à visualiser ce que nous craignons le plus.

Vous pouvez appliquer cet outil à ce que vous voulez, mais les stoïciens l'utilisaient surtout sur des thématiques comme la pauvreté, l'impotence, la maladie, la mort d'un proche ou l'exil.

Les stoïciens affirmaient que penser à l'adversité apportait de multiples bénéfices. Voyons lesquels.

— UNE AIDE POUR ACCEPTER L'INDIFFÉRENT —

Premièrement, ils voulaient s'habituer à considérer comme indifférents les événements qui pour d'autres étaient catastrophiques. Comme nous l'avons vu précédemment, rien d'externe n'est ni bon ni mauvais pour les stoïciens, seulement indifférent. Le bien et le mal ne résident que dans nos actes présents, et rien de ce qui viendra ne peut nous empêcher d'agir vertueusement – excepté la mort, dont nous parlerons bientôt.

Pour autant, nous devons nous habituer à poser une étiquette sur ces événements potentiels comme étant des indifférents non préférés. Le pire n'est pas ce qui nous arrive, mais la manière dont nous y réagissons.

En considérant ces événements comme indifférents, nous réduisons l'anxiété en adoptant une posture plus objective. Épictète recommandait à ses élèves de répondre à leurs peurs en disant «*Cela ne me regarde pas*» ou «*Ce qui est hors de mon contrôle m'est indifférent*».

— UNE AIDE POUR PRÉVOIR LES RISQUES —

L'excès d'optimisme peut être destructeur. Pourquoi prendre des précautions si vous êtes convaincu que tout ira bien ?

Dans le domaine entrepreneurial, on utilise généralement le terme d'analyse *pre-mortem*. Avant de lancer un produit, de développer un projet ou de prendre une décision importante, l'équipe se projette dans le futur et imagine que le résultat a été désastreux tout en se demandant quels sont les éléments qui auraient pu conduire à ce résultat. Penser à toutes les causes d'échec possibles met en lumière de potentiels risques que personne n'avait imaginé. On ne peut pas prévoir ce qui dépasse notre imagination.

Évidemment, vous devez aborder ce processus de manière rationnelle, en adaptant les mesures préventives à la probabilité réelle. Pas tous les risques requièrent des actions préventives, mais le fait de visualiser les possibles facteurs à cause desquels les choses pourraient mal tourner augmente la probabilité que le projet fonctionne. C'est pareil dans votre vie. Imaginez que vous n'obtenez pas les résultats espérés dans votre processus de changement. Quels sont les obstacles qui auraient pu vous freiner ? Revenez maintenant dans le présent et prenez des mesures adéquates pour les éviter.

— PRÉPAREZ VOTRE RÉPONSE —

Même dans les cas où il n'y a pas de stratégie préventive possible, visualiser ce que nous craignons nous aide à préparer notre réponse. Marc Aurèle commençait sa journée en imaginant qu'il rencontrerait des personnes ingrates, insolentes, déloyales, fausses et égoïstes.

Il s'y préparait mentalement et il planifiait déjà sa réponse : «*Je ne puis non plus me fâcher contre mon parent ni le haïr, car nous sommes faits pour coopérer, comme les pieds, les mains, les paupières, les deux rangées de dents*».

Cette préparation quotidienne vous aidera sûrement à être plus patient et tolérant lorsque vous rencontrerez ce type d'individus et à garder votre calme.

Sénèque utilisait des analogies militaires, en affirmant que c'est durant la paix que les soldats s'entraînent pour une possible guerre : «*Qu'au temps de la sécurité l'âme se prépare aux crises difficiles*». En résumé, imaginer quelque chose de négatif nous aide à nous y préparer.

— ATTÉNUEZ L'IMPACT —

Ce que nous affrontons pour la première fois nous semble plus grave que ça ne l'est vraiment. En visualisant régulièrement ce que nous craignons, nous le rendons plus familier et nous réduisons son impact négatif dans l'éventualité où cela se produirait vraiment.

D'un mal prévu le choc ne vient plus qu'amorti. Mais pour les âmes irréfléchies et qui ont foi en la Fortune, tous les événements ont une face nouvelle et inopinée ; et la nouveauté, chez ces sortes de gens, fait presque tout le mal. Vois pour preuve comme l'habitude leur donne le courage d'endurer ce qu'ils croyaient insupportable. C'est pourquoi le sage s'aguerrit contre les maux à venir et ce que les autres ne trouvent léger qu'après de longues souffrances, lui le rend tel en y pensant longtemps.

• SÉNÈQUE •

Pour dépasser une peur, il est nécessaire de s'y exposer graduellement et une bonne manière de le faire est de recourir à l'imagination. Nous devons nous visualiser, nous imaginer en train d'affronter la situation que nous redoutons en la surmontant.

Cette visualisation est une espèce de «simulacre émotionnel» et dans une certaine mesure, elle nous immunise contre l'anxiété produite par les événements qui nous font peur. En nous exposant à petite dose à un malheur, même si c'est seulement dans notre imagination, nous augmentons notre tolérance au fait réel en améliorant notre résilience émotionnelle.

Essayer d'ignorer ou de faire taire nos peurs ne fait que les amplifier. Les ramener dans le présent et s'y confronter directement les atténue. En répétant une image dans notre tête, nous nous habituons à elle, tout en réduisant le pouvoir qu'elle exerce sur nous.

Nous pouvons aussi questionner nos peurs à travers le processus de distanciation cognitive que nous verrons prochainement : «*Est-ce si négatif que cela ?*», «*N'y aurait-il vraiment rien de positif dans cette situation ?», «Ma vie serait-elle réellement détruite ?», «Est-ce que je connais quelqu'un qui a surmonté ce qui me fait si peur ?»*

En résumé, cela nous permettra de réévaluer nos craintes pour ajuster la peur à une juste mesure.

— ÉVITEZ L'ADAPTATION HÉDONIQUE —

Ne considère pas les choses absentes comme présentes, mais parmi les choses présentes, considère ce qu'il y a de plus heureux et, à ce propos, imagine avec quelle ardeur tu les rechercherais si elles n'étaient présentes.

• MARC AURÈLE •

Un autre obstacle qui nous empêche de profiter de ce que nous avons est ce que l'on appelle l'adaptation hédonique. Quand quelque chose de positif arrive dans notre vie (une nouvelle relation amoureuse, un déménagement ou un nouveau poste), notre sensation de bien-être augmente, mais cette amélioration n'est que temporaire. Avec le temps, l'émotion s'estompe et notre satisfaction revient à son niveau initial.

Pour contrer cette adaptation, Sénèque utilisait des exemples macabres mais efficaces, comme imaginer la mort d'un proche. Cela nous rappelle que tout ce que nous avons est un prêt de l'univers et qu'il peut être réclamé à tout moment.

Ne dis jamais de quoi que ce soit :
« je l'ai perdu » mais : « je l'ai rendu ».

• ÉPICTÈTE •

Par exemple, nombreuses sont les personnes qui ne se sentent pas bien dans leur corps et en ressentent de la honte. Il va de soi que nous devons essayer d'améliorer les parties de notre corps qui nous plaisent le moins, mais sans cesser d'apprécier tout ce que notre corps nous permet de faire. Imaginez un instant qu'on vous ampute d'une jambe ou que vous deveniez aveugle. Combien seriez-vous prêt à payer pour avoir à nouveau exactement le même corps que vous avez maintenant ? Valoriser les aspects positifs de votre corps diminuera l'importance de ses petits défauts.

En résumé, envisager la perte d'une chose que l'on valorise nous permet de mieux l'apprécier plutôt que de la tenir pour acquise. Compte tenu du fait que rien n'a plus de valeur que la vie elle-même, les stoïciens recommandaient de prendre le temps de réfléchir à la mort, comme nous le verrons plus loin. Cette pratique, connue sous le nom de *memento mori* et qui signifie *souviens-toi que tu vas mourir*, nous aide à mettre nos problèmes en perspective.

— ARRÊTEZ DE VOUS INQUIÉTER —

Certains penseront que visualiser les problèmes futurs est contre-productif parce que cela pourrait provoquer de l'anxiété au moment présent. Cela pourrait même paraître contradictoire avec les autres enseignements des stoïciens, qui évitaient de projeter leurs pensées dans un futur qu'ils ne peuvent pas contrôler.

Comment résolvaient-ils cet apparent paradoxe ? En séparant la réflexion de la préoccupation. Réfléchir à ce qui pourrait arriver ne veut pas dire s'en inquiéter.

En effet, la visualisation est un exercice intellectuel que vous pouvez réaliser sans provoquer d'émotions négatives. La contemplation n'implique pas la préoccupation.

De ce point de vue, des études scientifiques récentes confirment que les personnes capables d'accepter des pensées ou des sensations désagréables sans que leur état d'esprit en soit altéré sont plus résilientes mentalement que celles qui essaient d'éviter ces pensées. Mais cette aptitude a besoin d'être pratiquée.

Il s'agit de concevoir la préoccupation comme une forme de peur, or les peurs s'amplifient si nous refusons de nous y confronter. Nous devons les considérer en toute objectivité et de manière détachée. S'habituer à elles réduira leur impact jusqu'à provoquer un certain désintérêt. C'est à ce moment que notre attention se portera sur autre chose, non plus comme une stratégie d'évitement mais par lassitude.

Pour conclure, notre anxiété face à l'incertitude se réduit quand nous savons que nous sommes préparés pour nous confronter au pire scénario. Nous espérons le meilleur mais nous sommes préparés au pire.

2. MEMENTO MORI

A l'idée que tu peux sur l'heure sortir de la vie,
conforme toujours tes actions, tes paroles, tes pensées.

• MARC AURÈLE •

Au temps des stoïciens, beaucoup de généraux romains avaient des serviteurs qui chuchotaient à leurs oreille *memento mori* quand ils étaient adulés par leur peuple. Ils leur rappelaient ainsi qu'en dépit de leurs victoires et de leur grand pouvoir militaire, ils allaient mourir comme n'importe quel autre humain. Cela les aidait à garder les pieds sur terre en évitant de se laisser guider par leur ego et de commettre des erreurs.

Au-delà de maintenir notre ego sous contrôle, penser à notre propre mort est une technique puissante pour atteindre deux objectifs. Premièrement, ne plus avoir peur face à notre ennemi le plus redouté, la mort. Deuxièmement, gagner en clarté d'esprit en étant conscients de notre fin inéluctable.

— NE CRAIGNEZ PLUS LA MORT —

Ainsi la mort n'a rien de redoutable, mais le jugement
que la mort est redoutable, c'est là ce qui est redoutable.

• ÉPICTÈTE •

Les stoïciens recouraient à la raison pour catalyser la peur, mais rien ne nous terrorise plus que la mort. Pour ne plus craindre la mort, ils nous faisaient prendre conscience qu'il s'agit en réalité d'une préoccupation irrationnelle. De la même manière que nous ne regrettons pas le temps passé avant notre naissance, nous ne devrions pas non plus nous inquiéter du fait qu'il existe un temps comparable après notre mort. En mourant, nous retrouvons simplement l'état dans lequel nous étions avant notre naissance.

Pour ne plus redouter l'événement en lui-même, nous devons aussi comprendre que la mort est un processus, que nous mourrons un peu chaque jour.

Car c'est notre erreur de ne voir la mort que devant nous : en grande partie déjà on l'a laissée derrière, tout l'espace franchi est à elle.

• SÉNÈQUE •

En résumé, la mort n'est pas aussi négative qu'elle le paraît. Méditer sur la mort permet aussi de transformer la peur en gratitude, en comprenant l'immense cadeau que représente le fait de nous réveiller chaque jour.

Nous devons profiter de la vie sans craindre la mort mais, paradoxalement, la ramener de temps en temps dans nos pensées nous aide à apprécier notre existence.

— SOYEZ LUCIDE —

Quelqu'un qui ne pense jamais à la mort a plus de probabilité de perdre son temps avec des distractions futiles.

Beaucoup de personnes décident de changer leurs habitudes lorsqu'elles tombent malades. Un diagnostic grave leur révèle que la mort est plus proche qu'elles ne le pensaient, ce qui les pousse à changer de vie rapidement.

La stratégie du *memento mori* vous aide à générer ce changement sans attendre un événement aussi dramatique. Au bout du compte, la vie est une maladie au stade terminal. Être plus conscient de votre propre mort peut vous donner un certain sentiment d'urgence en évitant de repousser à plus tard ce que vous souhaitez vraiment accomplir.

En envisageant la mort, nous devenons plus conscients du fait que nous gaspillons une grande partie de ce que nous appelons la vie. Marc Aurèle disait ainsi : «*Si tu ne crains jamais de cesser de vivre, mais seulement de ne pas vivre comme le veut la nature ; alors, tu deviendras un homme digne du monde qui t'a produit*».

Au lieu d'avoir peur de la mort, nous devrions craindre de n'avoir jamais bien vécu, de n'avoir pas agi avec vertu ou d'avoir restreint nos choix par peur de l'opinion des autres.

Ce n'est pas de vivre qui est désirable, c'est de vivre bien. Aussi le sage vit autant qu'il le doit, non autant qu'il le peut. Il décidera où il lui faut vivre, avec qui, comment, dans quel rôle : ce qui l'occupe, c'est quelle sera sa vie, jamais ce qu'elle durera.

• SÉNÈQUE •

Dans le même ordre d'idées, une vie mal vécue sera courte, indépendamment de sa durée réelle.

Ainsi, parce qu'un homme a des cheveux blancs et des rides, ne va pas croire qu'il ait vécu longtemps. Il n'a pas longtemps vécu, mais longtemps duré. Car enfin, penses-tu qu'on ait fait une longue traversée quand, accueilli dès le port par une furieuse tempête, poussé en mille cas contraires par les vents qui soufflaient avec violence de points opposés, on n'a pu que tournoyer dans le même cercle ? Ce n'est pas là un long voyage, c'est une tourmente prolongée.

• SÉNÈQUE •

Réfléchir à notre mort met les choses en perspective et nous donne un certain sentiment d'urgence. Cela nous permet de valoriser davantage notre temps et nous incite à ne pas le gaspiller dans des distractions futiles. L'imminence de la mort nous ramène à l'essentiel et nous permet d'apprécier le moment présent.

Votre temps est limité. La mort se rapproche chaque jour un peu plus. Profitez de chaque instant.

3. INCONFORT VOLONTAIRE

A mon tour je te prescrirai d'avoir de temps à autre certains jours où te bornant à la nourriture la plus modique et la plus commune, à un vêtement rude et grossier, tu puisses dire : « voilà donc ce qui me faisait peur ! ».

• SÉNÈQUE •

Contrairement à d'autres écoles philosophiques, les stoïciens nous encourageaient à profiter des plaisirs de la vie quand ceux-ci étaient disponibles, qu'il s'agisse de richesses ou de banquets, mais ils nous mettaient en garde au sujet de leur possible danger, car il est facile de se laisser attraper par le plaisir et la commodité en perdant ainsi notre liberté.

Une des stratégies qu'ils proposaient pour maintenir cette liberté était d'éviter de manière temporaire certaines choses que nous apprécions, y compris celles que nous imaginons nécessaires.

Cette technique pourrait être vue comme une extension de la visualisation négative : non seulement nous imaginons la perte des choses auxquelles nous accordons de la valeur, mais en plus nous concrétisons cette vision. Pratiquer cette privation temporaire apporte une multitude de bénéfices. Voyons lesquels.

— RENFORCER VOTRE MENTAL —

Celui que des panneaux diaphanes ont toujours défendu contre le vent, qui garde aux pieds de tièdes enveloppes incessamment renouvelées, dont la salle de festins est entretenue dans une douce température par la chaleur qui circule sous le parquet et dans les murailles, celui-là ne peut sans risque être effleuré du plus léger souffle. Tout excès est nuisible, l'excès de la mollesse bien plus que tout autre. Il dérange le cerveau, entraîne l'esprit à de fantasques imaginations, répand sur le vrai et sur le faux un nuage épais qui confond leurs limites.

• SÉNÈQUE •

Les stoïciens savaient que certaines choses, consommées ou pratiquées à l'excès, nous sont néfastes. Mais l'inverse est aussi vrai et elles peuvent nous être bénéfiques si nous les dosons correctement.

Cette relation entre dose et effet, connue sous le nom d'*hormèse* en français, vient de ***hormê*** (ὁρμή), traduisible par *inclination à la vie raisonnable.*

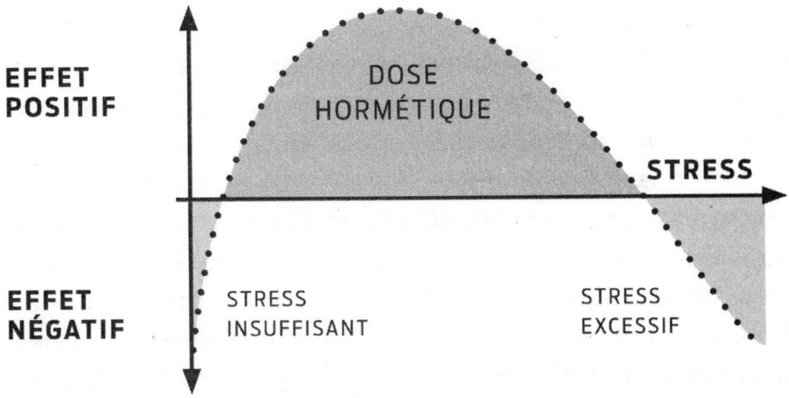

Par exemple, l'excès d'activité physique peut nous nuire, mais son absence aussi. Réaliser un jeûne prolongé peut avoir des effets négatifs, mais des jeûnes courts améliorent notre santé. C'est la même chose avec le froid, la chaleur et beaucoup d'autres facteurs de stress.

Le bénéfice n'est pas seulement physique, il est aussi psychologique. Nous nous sommes habitués à vivre dans notre zone de confort, en évitant de faire quoi que ce soit qui nous fasse peur ou qui nous paraisse difficile. Avec le temps, notre monde devient de plus en plus petit et la routine prend le contrôle sur notre vie. Nous devons sortir régulièrement de cette zone de confort et passer davantage de temps dans la zone d'apprentissage.

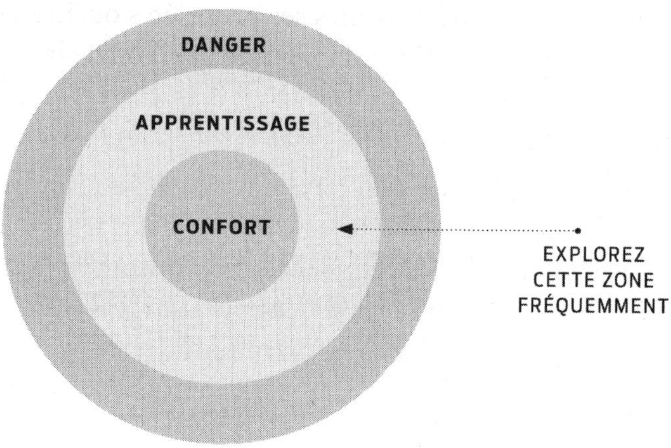

Toutefois, n'oublions pas que, comme le disait Paracelse, «*C'est la dose qui fait le poison*». L'excès de confort est mauvais, mais l'excès d'inconfort aussi. Nous ne voulons pas demeurer dans notre zone de confort, mais pas non plus nous exposer à des facteurs de stress psychologique qui exacerbent nos peurs (en entrant dans la zone de panique ou de danger). Nous cherchons à appliquer les doses adéquates et fréquentes d'inconfort de manière graduelle, en considérant notre capacité individuelle.

En résumé, plus nous souffrons de manière volontaire, moins nous souffrirons de manière involontaire. Ceux qui fournissent des efforts durant les moments faciles résisteront mieux durant les moments difficiles. Vous éprouverez alors la satisfaction de constater que votre corps et votre esprit se renforcent, vous permettant d'accomplir ce qui vous paraissait impossible il y a seulement quelques mois.

— APPRENDRE À VOUS PASSER DU CONFORT —

En général, l'anxiété trouve son origine dans la peur de perdre ce que nous avons. Nous priver temporairement de ce dont nous pensons avoir besoin nous démontre que nous sommes préparés pour gérer leur absence, ce qui réduit notre anxiété.

Dans la Rome antique, le sort des hommes était particulièrement précaire. Si quelqu'un perdait la faveur d'un gouverneur, il pouvait être dépouillé de toutes ses propriétés ou être exilé sur une île lointaine. Pour vaincre la peur de l'exil ou de la pauvreté, les stoïciens recommandaient de vivre comme un pauvre durant quelques jours de temps à autre. En réalisant que ça n'était pas si terrible, ils pouvaient profiter de leur vie sans craindre de perdre ce qu'ils avaient.

Si par exemple vous vous habituez à réaliser des jeûnes intermittents, vous ressentirez moins d'anxiété par rapport à la nourriture. Vous pourrez sortir et faire une randonnée en montagne sans avoir peur de vous évanouir et sans vous préoccuper de savoir s'il y aura ou non un restaurant sur le chemin. En jeûnant, vous réalisez que limiter temporairement votre nourriture ne cause rien de néfaste, et vous apprenez à apprécier ce processus.

Alors que les autres ont besoin d'interrompre leur journée à plusieurs reprises pour manger, vous restez concentré sur des choses plus importantes. Pendant que certains vivent pour manger, vous mangez pour vivre.

Cela s'applique également au froid, qui est un autre facteur de stress dont les stoïciens parlaient beaucoup. Ceux qui se protègent le plus du froid développent une certaine peur vis-à-vis de lui. Aussi bien Sénèque que Musonius Rufus recommandaient de s'exposer au froid et de marcher pieds nus de temps en temps. La science démontre aujourd'hui que ces deux exercices améliorent notre santé, tout en nous faisant prendre conscience que nous avons besoin de moins que ce que nous pensons. Et moins nous avons besoin de choses, plus nous sommes libres.

Cet inconfort volontaire nous rappelle aussi l'importance de valoriser l'essentiel. Cela nous enseigne que les choses importantes et essentielles de la vie sont en réalité peu nombreuses. Les aléas de la vie ne nous font plus peur parce qu'ils nous priveraient simplement de choses superflues dont nous pouvons nous passer.

— APPRÉCIER CE QUE VOUS AVEZ —

Enfin, renoncer temporairement à ce que vous aimez vous permettra de mieux l'apprécier. La nourriture a plus de saveur après un jeûne, et la chaleur du foyer se goûte mieux après avoir affronté le froid. La privation intensifie le plaisir.

Ce n'est pas en soi une douce chose que l'eau claire et la bouillie, ou un morceau de pain d'orge, mais c'est un plaisir suprême d'en pouvoir retirer encore du plaisir et de s'être restreint à ce que ne saurait nous ravir le plus inique destin.

• SÉNÈQUE •

Chaque fois que quelque chose de bien arrive dans nos vies, nous expérimentons une brève période de joie mais, peu de temps après, cette nouveauté se convertit en quelque chose de normal et nous cessons de l'apprécier. S'en priver temporairement nous permet d'apprécier plus ce que nous avons et de penser moins à ce qu'il nous manque.

4. LA CONTEMPLATION DU SAGE

Quand tu dois avoir affaire à quelqu'un, particulièrement à quelqu'un de puissant, représente-toi ce que Socrate ou Zénon aurait fait en pareil cas, et tu ne seras pas embarrassé pour te comporter convenablement dans la circonstance.

• ÉPICTÈTE •

Comme nous l'avons vu précédemment, notre comportement dépend en grande partie des personnes qui nous entourent. Nous entourer de personnes dont les habitudes sont des exemples simplifie énormément le processus de changement. Cependant, ce n'est pas toujours possible ou il y aura des moments où notre entourage ne sera pas celui que nous désirons.

Dans ces cas-là, les stoïciens recommandaient d'utiliser à nouveau la visualisation en imaginant comment agiraient les personnes que nous admirons si elles étaient dans notre situation.

Visualiser les qualités des personnes qui nous inspirent contribue à élever notre propre comportement. Marc Aurèle commence ses *Pensées pour moi-même* en décrivant les qualités qu'il admirait chez des personnes proches : *«La bonté et l'équanimité de mon grand-père», «La simplicité dans la manière de vivre de ma mère», «La fermeté de mon père».*

Nos parents exercent une grande influence sur nous, mais nous pouvons toujours choisir de qui apprendre et qui admirer tout au long de la vie. Nous pouvons sélectionner nos mentors, y compris si nous n'avons aucune relation avec eux ou s'ils sont morts depuis des millénaires.

Quand vous ne savez pas comment réagir face à un problème, pensez à quelqu'un que vous admirez. Essayez de voir le monde à travers ses yeux et demandez-vous ce qu'il ferait à votre place. Être conscient du contraste entre le comportement auquel vous aspirez et celui que vous avez en réalité peut vous motiver à changer.

Imaginer que la personne que vous admirez vous observe améliore vos habitudes. Inconsciemment, nous nous comportons moins bien en l'absence de regard. Agissez comme si vous étiez toujours sous surveillance.

Il faut faire choix d'un homme de bien, l'avoir toujours devant les yeux, comme si nous vivions sous son regard, comme si nous agissions en sa présence.

• SÉNÈQUE •

Si vous pouvez compter sur un véritable mentor, c'est mieux, mais même le simple fait de l'imaginer vous aidera à ajuster votre boussole mentale. Les stoïciens se demandaient régulièrement comment Zénon ou Socrate agirait dans leur situation. Il ne s'agit pas seulement de copier leurs comportements, mais aussi leurs aptitudes.

Demandez-vous quelle sont les capacités que vous aimeriez développer pour ressembler davantage aux personnes que vous admirez. Essayez d'ajuster votre comportement selon leur exemple.

Ne vous attendez pas à ressembler à vos héros du jour au lendemain. Peut-être même que vous n'arriverez jamais à leur niveau, mais si vous agissez comme eux le feraient, votre situation s'améliorera. Même les petits changements peuvent avoir un grand impact.

5. LA DISTANCIATION COGNITIVE

Ce qui trouble les hommes, ce ne sont pas les choses,
ce sont les jugements qu'ils portent sur les choses.

• ÉPICTÈTE •

Comme nous l'avons vu, les stoïciens enseignaient que c'est en modifiant notre perception des événements extérieurs que nous pouvons en atténuer leur effet sur nous. En conservant une distance cognitive, nous pouvons évaluer l'ensemble avec davantage d'objectivité et de sérénité.

La première étape est de comprendre que nous ne sommes pas nos pensées et que nous pouvons nous distancier d'elles. Nous pouvons les examiner de manière rationnelle au lieu de nous laisser submerger par leur impact émotionnel.

Dans les thérapies modernes, on appelle cette technique «la distanciation cognitive» et bien qu'elle soit applicable dans de multiples domaines, les stoïciens l'utilisaient principalement pour atténuer les coups du sort et pour éviter de céder face aux tentations quotidiennes.

Il existe différentes techniques pour réussir à créer cette distanciation. La première approche est celle de la « décomposition », qui consiste à recourir à la raison pour décomposer ce qui nous fait peur ou ce qui nous fait envie en éléments plus basiques. La seconde approche est d'essayer de voir ce qui nous arrive à travers les yeux d'une autre personne, en créant de la distance entre nous et l'événement. La troisième technique consiste à adopter une vision beaucoup plus ample du temps et de l'espace, en modifiant notre perspective sur n'importe quel événement.

— LA DÉCOMPOSITION —

Les choses qui nous attirent perdent leur pouvoir d'attraction lorsqu'elles sont décomposées. Nous avons vu par exemple comment Marc Aurèle affirmait que sa luxueuse toge impériale n'était rien d'autre que du poil de brebis teint du sang d'un coquillage, le vin un simple jus de raisin fermenté et sa nourriture rien d'autre que le cadavre d'un animal. Même s'il pouvait avoir tout ce qui lui faisait envie, il préférait se concentrer sur l'essentiel en utilisant la technique de la décomposition de ses désirs, afin d'éviter de leur succomber.

Les termes que nous choisissons pour qualifier nos expériences influencent directement nos émotions. Il est donc essentiel d'employer un langage qui facilite la gestion et l'apaisement des émotions trop intenses.

Personne ne connaît mieux le pouvoir des apparences que les agences de marketing. L'industrie alimentaire essaie d'associer ses produits ultra-transformés à des idéaux comme le bonheur ou la sophistication. Elle essaie de faire en sorte que sa publicité réveille en nous des émotions telles que le désir et l'envie.

Non, de tous ces personnages guindés bien haut sur un échafaudage d'honneurs et de richesses, pas un n'est grand. Pourquoi donc le paraissent-ils ? Tu mesures base et statue ensemble. Un nain sera toujours petit, eût-il une montagne pour piédestal, et un colosse toujours grand, fût-il descendu dans un puits.

• SÉNÈQUE •

Appliquer cette technique de décomposition peut nous aider à lutter contre ces artefacts. Vous devez envisager ces produits avec détachement, en atténuant leur pouvoir d'attraction. Vous devez voir ces produits avec objectivité, en réduisant leur attraction. Le Coca-Cola n'est rien d'autre que de l'eau avec du sucre et des additifs. Votre biscuit favori est un simple mélange d'ingrédients bon marché et raffinés : de la farine, des graisses végétales et des édulcorants, entre autres ingrédients peu recommandables.

L'objectif n'est pas de réduire le plaisir de la vie mais d'apprendre à valoriser les choses qui ont vraiment de l'importance en diminuant l'attrait exercé par celles qui nous nuisent.

Vous pouvez aussi appliquer cette technique si vous ressentez de l'anxiété à l'idée de parler avec des personnes que vous considérez supérieures à vous (hiérarchiquement ou socialement). Pour ne pas vous laisser impressionner par la popularité, le pouvoir ou la richesse, souvenez-vous qu'une fois retirés tous les artifices, ces personnes sont fondamentalement semblables à vous et à moi.

— REGARDEZ À TRAVERS LES YEUX D'UN AUTRE —

La manière dont nous jugeons un événement est généralement plus objective lorsqu'il concerne quelqu'un d'autre que nous. Les stoïciens soutenaient que le véritable sage observe ce qui lui arrive avec la même détachement que s'il assistait à la situation d'un voisin.

Ainsi, quand l'esclave d'un autre brise une coupe, nous avons aussitôt sur les lèvres : « cela se voit tous les jours ». Sache donc que quand on brisera ta coupe, tu dois être tel que tu es quand on casse celle d'un autre.

• ÉPICTÈTE •

Evidemment, c'est plus facile à dire qu'à faire, mais si vous vous efforcez de voir ce qui vous arrive à travers les yeux d'une autre personne, vous en réduirez l'impact négatif.

Dans les thérapies cognitivo-comportementales, il est recommandé d'écrire ses problèmes en utilisant la 3e personne du singulier pour gagner en objectivité.

Généralement, nous donnons des recommandations rationnelles aux autres, mais nous sommes incapables d'appliquer nos propres recommandations une fois confrontés aux mêmes problèmes. Vous pourriez aussi utiliser la stratégie précédente de la «contemplation du sage» et essayer de voir votre situation à travers les yeux de quelqu'un que vous admirez : comment cette personne réagirait-elle ? Il se peut que vous ne parveniez pas encore à adopter un comportement idéal, mais prendre conscience qu'une autre perspective existe peut déjà vous être d'un grand secours.

Dans ce même ordre d'idées, vous devez envisager votre processus de changement depuis la perspective d'un scientifique, avec une attitude de curiosité. Au lieu de vous plaindre et de vous critiquer parce que vous n'avez pas perdu de poids la semaine passée, cherchez simplement à comprendre quelles peuvent en être les causes et quelle stratégie adopter. Il n'y a pas d'échec, seulement des actions et des résultats.

— ÉTIREZ LE TEMPS ET L'ESPACE —

Nous attribuons un pouvoir spécial au moment présent. En règle générale, maintenir l'attention dans le moment présent est une bonne recommandation. Cependant, quand nous traversons une difficulté, il convient de se distancier mentalement du problème pour le voir avec plus de clarté.

Selon Marc Aurèle, nous pouvons réduire l'impact de n'importe quelle situation malheureuse si nous visualisons dans notre esprit la grandeur de l'univers et le temps infini, en observant le caractère transitoire de toutes les choses y compris de notre propre vie.

Comme évoqué précédemment, une méthode simple pour adopter cette perspective consiste à se demander si le problème actuel sera toujours un souci dans dix ans. La plupart du temps, la réponse est négative, ce qui allège notre souffrance.

Dans les lettres de consolation de Sénèque, quand quelqu'un mourait jeune, il proposait de se rappeler que la durée de n'importe quelle vie est insignifiante en comparaison avec l'éternité. Si toute notre vie nous paraît insignifiante en étant comparée avec l'espace et le temps infini, nos problèmes devraient eux aussi nous paraître presque anecdotiques.

Nous tous, vu la brièveté de nos jours comparée à l'ensemble des siècles, jeunes ou vieux, nous sommes au même point.

• SÉNÈQUE •

Cette idée diffère assez radicalement de l'approche actuelle qui essaie de mettre chacun d'entre nous sur un piédestal individuel en donnant une grande importance à tout ce qui nous arrive. Le point de vue des stoïciens consistait à aborder les choses dans l'autre sens : nous faire voir que notre vie est insignifiante dans le grand contexte de l'univers.

Les stoïciens nous rappelaient que le changement est l'unique constante. Bien que le bouddhisme soit reconnu pour son idée sur l'état transitoire ou la non-permanence des choses, ça n'était pas une idée nouvelle. Plusieurs siècles avant les premiers écrits bouddhistes, le philosophe grec Héraclite énonçait le concept de ***panta rhei*** (πάντα ῥεῖ), que l'on pourrait traduire par *tout s'écoule* ou *tout passe*. Cette idée est fréquemment évoquée à travers l'image d'une rivière, dont les eaux ne sont jamais les mêmes pour celui qui s'y plonge.

Réfléchir sur le changement constant et notre petit rôle dans l'univers est libérateur. Cela nous aide à mettre les choses en perspective, en évitant que nos réussites nous montent à la tête ou que nos échecs nous fassent sombrer.

Comme les dunes, s'amoncelant les unes sur les autres, cachent les précédentes, de même dans la vie les formations précédentes sont recouvertes en un rien de temps par celles qui montent derrière elles.

• MARC AURÈLE •

Nous ne devons donc pas compromettre notre sérénité intérieure pour des événements insignifiants, car, face à l'immensité de l'espace et du temps, rien n'a véritablement d'importance. Notre existence, éphémère, s'effacera rapidement pour laisser place à d'autres.

Non seulement tout ce que l'art et l'industrie humaine établissent est bouleversé par les âges, mais la cime des monts s'affaisse, des contrées entières s'abîment, les flots viennent couvrir des lieux placés loin de l'aspect des mers. Rien n'est debout que pour tomber, et la même fin attend hommes et choses.

• SÉNÈQUE •

Paradoxalement, penser à notre insignifiance n'est pas déprimant, mais libérateur. Nos problèmes ne sont pas si importants, nous n'avons pas besoin de nous préoccuper autant de plaire aux autres ou de suivre les conventions sociales. Libérés de nos peurs, nous pouvons profiter du court moment qui nous est imparti afin de poursuivre nos rêves.

6. LA VUE D'EN HAUT

Comme disait Platon, l'âme douée d'une certaine hauteur de vue et capable d'embrasser toute la durée et toute la matière, crois-tu qu'elle fasse grand cas de la vie humaine ?

• MARC AURÈLE •

Cette technique complète parfaitement la technique de la distanciation cognitive, mais elle peut aussi être utilisée séparément. En nous éloignant mentalement de nos problèmes, nous pouvons mieux les cerner car nous obtenons une meilleure appréciation de leur dimension. La peur et le stress activent ce que l'on nomme «la vision tunnel», qui concentre notre attention sur ce que nous craignons et nous empêche de voir le contexte.

Pour contrecarrer cette perte de clarté, les stoïciens pratiquaient la technique de la vue d'en haut. Imaginez que vous vous voyez depuis l'espace. Vous noterez à quel point vous êtes petit en comparaison avec la ville et à quel point la ville est petite en comparaison avec le pays. Ensuite, vous vous rendrez compte que le pays est petit en comparaison avec la terre entière et que celle-ci n'est rien d'autre qu'un minuscule point dans la galaxie.

Tu peux retrancher comme superflues bien des choses qui te troublent et qui n'existent absolument que dans ton opinion. Par là, tu t'ouvriras aussitôt un vaste champ, en embrassant par la pensée l'univers tout entier.

• MARC AURÈLE •

Non seulement il est possible d'imaginer, mais aussi d'expérimenter. L'une des meilleures façons de prendre du recul est de s'immerger dans la nature. Face à la grandeur des montagnes majestueuses ou à l'immensité des océans, nos soucis paraissent bien plus petits et moins importants.

De multiples études démontrent que passer plus de temps dans la nature améliore la perspective sur nos problèmes en réduisant l'anxiété et les symptômes de dépression. Cette amélioration s'explique de différentes manières, mais l'une d'elles est que la nature met notre propre existence en perspective et nous nous rendons compte que nous sommes seulement une petite partie de quelque chose de plus grand.

Évidemment, cela ne signifie pas que vos problèmes sont anecdotiques, mais l'idée est d'attirer votre attention sur le fait que nous restons parfois bloqués dans une certaine interprétation des événements, en perdant de vue le contexte. Vous devez développer votre capacité à changer de point de vue selon les circonstances. Commencez par adopter une vision globale afin de prendre du recul et d'avoir une perspective claire. Ensuite, déterminez précisément les actions à entreprendre. Une fois votre plan d'action établi, recentrez votre attention pour concentrer toute votre énergie sur l'amélioration concrète de votre situation.

7. LA GRATITUDE

Nul ne peut avoir tout ce qu'il désire, mais on peut ne pas désirer ce qu'on n'a point et user gaiement de ce que le sort nous offre.

• SÉNÈQUE •

Notre cerveau est une machine spécialisée dans l'identification des menaces car la sélection naturelle favorise la survie plutôt que le bonheur. Autrement dit, les individus capables de mieux reconnaître les dangers avaient plus de chances de survivre.

Aujourd'hui, nous vivons dans un monde beaucoup plus sûr, mais notre cerveau continue de focaliser son attention sur tous les problèmes qui nous entourent en les envisageant comme des menaces potentielles. Or, puisque ce sur quoi nous nous concentrons définit notre réalité, nous vivons aveuglés par nos problèmes, dont la portée est souvent surestimée.

Nous partons du principe que nos problèmes sont beaucoup plus nombreux que nos privilèges. Paradoxalement, nous pensons exactement le contraire quand nous considérons les autres : nous partons du principe qu'ils ont beaucoup moins de problèmes et beaucoup plus de privilèges. C'est le chemin assuré vers une existence remplie de rancune et d'envie.

Comme nous l'avons vu précédemment, la gratitude est un antidote à la jalousie, mais aussi au désir. Alors que le désir prend corps à partir de ce que nous n'avons pas, la gratitude naît de ce que nous possédons et que nous apprécions.

Ce sur quoi vous portez votre attention façonne vos émotions : focalisez-vous sur ce qui vous fait défaut, et vous nourrirez envie ou frustration ; concentrez-vous sur ce que vous possédez déjà, et vous cultiverez gratitude et sérénité.

Prenez un instant pour considérer à quel point vous pourriez désirer ce que vous avez si vous le perdiez. Cela vous permet de voir vos possessions et vos relations sous un nouveau jour, en luttant contre l'adaptation hédonique. Les stoïciens recommandaient de choisir avec précaution les personnes auxquelles nous nous comparons. Rappelez-vous que beaucoup de personnes donneraient tout pour que leur vie ressemble à la pire de vos journées.

Lorsque des émotions négatives vous envahissent, prenez un moment pour vous remémorer les aspects positifs de votre journée : qu'est-ce qui a bien fonctionné ? Qui a agi en votre faveur ? Quels obstacles avez-vous évités ? Cette réflexion permet de rééquilibrer votre regard et d'apaiser votre esprit.

Nous passons notre vie à attendre de grands événements, mais notre existence est faite de petits moments. Malheureusement, nous ne profitons pas de la majorité d'entre eux car nous les considérons comme insignifiants.

Savourer le moment présent est une technique qui consiste à diriger délibérément son attention vers les aspects positifs d'une expérience, pour transformer des moments a priori sans intérêt en moments agréables. En lavant la vaisselle, concentrez-vous sur la manière dont vous ressentez l'eau chaude sur vos mains. Pendant que vous marchez jusqu'au bureau, ressentez le souffle du vent sur votre visage et observez les formes des arbres et des plantes. On peut aussi appliquer cette stratégie à la nourriture et beaucoup d'études indiquent que si vous savourez vraiment chaque aliment, cela peut vous aider à perdre du poids et à réduire le stress.

La gratitude envers ce que l'on possède déjà ne veut pas dire que nous devons nous en contenter. D'ailleurs, les personnes reconnaissantes atteignent plus fréquemment leurs objectifs.

8. LA RÉPÉTITION DES PRÉCEPTES

Il est des couleurs que la laine prend du premier coup, il en est dont elle ne peut s'imbiber qu'après qu'on l'ait mainte fois macérée.

• SÉNÈQUE •

Cette méthode pourrait être considérée comme une synthèse des concepts fondamentaux vus à travers les différentes techniques présentées précédemment. Le but ici est de mettre à votre disposition des préceptes stoïciens afin que leur application devienne un automatisme pour vous.

Il s'agit de reprogrammer votre esprit, de changer vos réponses automatiques par d'autres comportements plus utiles et plus productifs. Malheureusement, il n'est pas facile de changer ces schémas mentaux, qui ont été renforcés par des milliers de répétitions tout au long de votre vie. La reprogrammation nécessite beaucoup de répétitions.

Sénèque utilisait l'analogie de la laine que l'on immergeait dans un bain de pigments pour la colorer. Tout comme certaines laines absorbent les couleurs plus rapidement que d'autres, certains esprits mettent plus de temps à absorber les préceptes stoïciens que d'autres. Pour que votre mental prenne les couleurs adéquates, vous devez l'immerger fréquemment.

Comme le disait Marc Aurèle : «*L'âme prend la couleur et la teinte des pensées qu'elle entretient*». Le simple fait de répéter fréquemment des questions ou des affirmations comme celles qui sont énoncées ci-dessous contribue à maintenir les principes stoïciens à portée de main :

— « Est-ce de ma responsabilité ? Y a-t-il quelque chose que je puisse faire ? »
— « Est-ce que je désire des choses qui se trouvent hors de mon contrôle ? »
— « Est-ce aussi grave que le suggère ma première impression ? »
— « Est-ce que sera encore un problème dans un an ou dans dix ans ? »
— « Que puis-je apprendre de cette situation ? Comment puis-je en tirer parti ? »
— « Est-ce que je vois les choses telles qu'elles sont vraiment ou est-ce que j'ajoute des jugements de valeur ? »
— « Ai-je un réel problème en ce moment-même ? Ne suis-je pas en train de trop anticiper ? »
— « Mes émotions reflètent-elles la réalité ou suis-je victime de passions exagérées ? »
— « Est-ce que je passe plus de temps à désirer ce que je n'ai pas qu'à être reconnaissant pour ce que j'ai ? »
— « Est-ce que je concentre mon attention sur des choses importantes dans ma zone de contrôle ? »
— « Cette action est-elle conforme à mes valeurs et à mes objectifs à long terme ? »
— « Fais ce que tu dois faire. »
— « Est-ce moi qui contrôle le plaisir ou est-ce le plaisir qui me contrôle ? »
— « Pense à comment tu te sentiras après si tu cèdes maintenant à la tentation. »
— « Est-ce que je choisis de faire preuve de discipline maintenant ou d'avoir des regrets plus tard ? »
— « Que ferait Sénèque dans ma situation ? »

— « Je peux gérer ça. »
— « Ça passera. Les émotions viennent et vont. Je dois juste me concentrer sur le fait de surmonter le moment présent. »
— « Memento mori. »

Ce sont de simples exemples. Il est important que vous puissiez créer vos propres préceptes au fil du temps. Certains vous aideront plus que d'autres selon la situation qui vous posent le plus problème. Notez les phrases qui résonnent avec vous et répétez-les régulièrement. Elles surgiront ainsi automatiquement le moment venu.

Ainsi est faite la raison : ses principes, de mince portée au premier aspect, grandissent en agissant. Ce qu'elle dit se réduit à peu, mais ce peu, reçu par une âme bien préparée, se fortifie et croît bien vite.

• SÉNÈQUE •

La science a démontré que dialoguer avec nous-mêmes de cette manière modifie nos pensées ainsi que nos émotions et influence nos actions.

9. LA PRÉPARATION ET LA RÉFLEXION

Les stoïciens ne recommandaient pas de routine spécifique à réaliser quotidiennement, mais ils voyaient l'utilité de se préparer mentalement chaque matin et de faire le bilan de la journée écoulée avant de dormir.

De la même manière, votre journée sera plus productive si vous dédiez quelques minutes à la préparer avant d'entrer dans le tourbillon de vos activités. Définissez les objectifs principaux de la journée et les activités sur lesquelles vous devez vous concentrer. Quels sont les objectifs que vous vous fixez aujourd'hui ? Qu'est-ce que vous devez absolument faire ? Le simple fait d'établir avec clarté ce que vous souhaitez réaliser vous aidera à vaincre la procrastination et la distraction.

Se préparer ne consiste pas seulement à dresser la liste de ce que l'on veut entreprendre, mais aussi à définir la façon dont on doit se comporter. Marc Aurèle se rappelait chaque matin qu'il aurait à gérer des personnes insolentes, ingrates, fourbes, envieuses ou égoïstes, mais que cela ne devait pas l'empêcher de conserver son calme.

En suivant son exemple, vous pouvez appliquer la visualisation négative. Que pourrait-il mal se passer aujourd'hui ? Est-ce que vous pouvez faire quelque chose pour réduire le risque que cela arrive ? Si tel est le cas, agissez. Sinon, acceptez que cela puisse arriver, mais rappelez-vous que vous êtes préparé pour gérer n'importe quel type de scénario.

La préparation initiale doit inclure aussi un moment de gratitude. Dans son journal, Marc Aurèle se montrait reconnaissant de voir le soleil se lever. Il envisageait chaque jour comme une nouvelle opportunité pour expérimenter et mûrir.

En résumé, réservez un moment chaque matin pour préparer votre mental. Avec des objectifs clairs, libéré des émotions négatives et préparé pour répondre à n'importe quel imprévu, votre journée peut commencer.

J'exerce cette magistrature et me cite chaque jour à mon tribunal. Quand la lumière a disparu de ma chambre et que ma femme, qui sait mon usage, respecte mon silence par le sien, je fais à part moi l'inspection de toute ma journée et reviens pour les peser sur mes actes et mes paroles. Je ne me déguise rien, je n'omets rien.

SÉNÈQUE

Le bilan se fait à la fin de la journée, lorsque vous passez en revue vos actions. Maintenant, il est temps de vous demander si vous avez atteint les objectifs que vous vous étiez fixés le matin et si vous vous êtes comporté en accord avec vos principes. Qu'est-ce que vous avez fait de bien ? Qu'est-ce que vous auriez pu mieux faire ? Comment est-ce que vous pourriez vous améliorer ?

Sénèque assimilait ce processus au fait de s'asseoir chaque soir devant un juge. Il est plus probable que vous fassiez plus attention à vos actions si vous savez que le soir venu, vous devrez rendre des comptes au sujet de votre comportement, même s'il ne s'agit que de votre propre tribunal.

Épictète prenait le temps chaque soir d'identifier les tâches qu'il n'avait pas terminées, en les transformant en objectifs pour le lendemain. De son côté, Marc Aurèle réfléchissait régulièrement à son comportement quotidien, car c'est uniquement en prenant conscience de nos faiblesses que nous pouvons les corriger.

Réfléchir quotidiennement à vos actions et à la manière dont vous avez relevé les défis que vous avez rencontrés vous aidera à mieux vous connaître et à mûrir. Le progrès n'arrive pas par hasard.

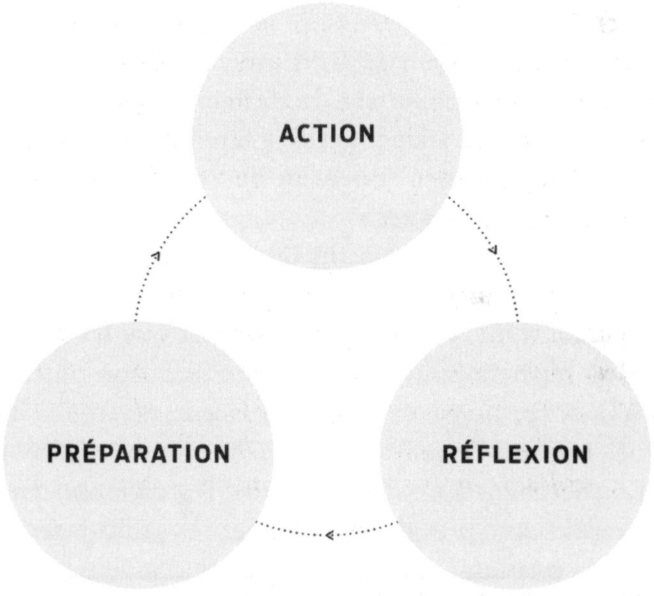

Une fois de plus, l'objectif de cet exercice est de s'améliorer et non de se flageller pour les erreurs commises. Comme le disait Sénèque : «*Quelle est celle de mes fautes que je craindrais d'envisager, quand je puis dire : « Tâche de ne plus faire cela ; pour le présent, je te pardonne »*».

Si cela vous semble trop fastidieux de réaliser ce processus de préparation et de réflexion quotidienne, faites-en une tâche hebdomadaire. Le lundi matin, planifiez votre semaine et le dimanche soir suivant, réfléchissez à vos principales réalisations et erreurs de la semaine écoulée.

10. LE JOURNAL DE BORD

Le processus antérieur de préparation et de réflexion peut être réalisé mentalement. Le simple fait d'être conscient de vos pensées, de vos émotions et de vos actions vous aidera à vous améliorer. Cependant, tout écrire dans un journal de bord permettra d'aller plus loin ; parfois, les outils les plus simples sont les plus efficaces.

Mettre vos pensées par écrit améliorera votre processus d'apprentissage. Écrire permet de clarifier nos idées, de repérer les obstacles qui nous freinent et de mieux mesurer nos progrès. Cette pratique nous met également dans la posture d'observateur de nos propres pensées.

N'oublions pas que les écrits de Marc Aurèle n'étaient rien d'autre que son journal personnel. C'est pour ça qu'on ne distingue aucune trame logique en le lisant et que les idées ou les concepts se répètent souvent. Ce carnet était son outil pour se souvenir de ses principes et se rectifier face à ses erreurs. Bien que personnel, ce journal est devenu, avec le temps, un héritage précieux. En cherchant à s'aider lui-même, il a créé une œuvre qui nous inspire encore près de 2 000 ans après sa disparition.

Épictète recommandait aussi à ses élèves de tenir un journal. Premièrement, pour écrire ce qu'ils apprenaient mais aussi pour réfléchir sur leurs expériences lorsqu'ils mettaient en pratique les nouvelles connaissances acquises.

Des études récentes démontrent le pouvoir du journal à divers égards. Écrire sur ses objectifs permet de focaliser son esprit en réduisant les distractions. Réfléchir sur ses erreurs réduit la probabilité de les commettre à nouveau. Passer en revue ses succès augmente l'estime que l'on se porte et sa motivation, tout en renforçant le comportement correct.

Consigner les leçons apprises aide à les consolider et à être conscient de vos progrès. Mettre par écrit ce pour quoi vous êtes reconnaissant diminue les émotions négatives et vous donne plus d'énergie. Noter ce qui vous préoccupe réduira votre charge mentale et vous aidera à trouver des solutions.

En résumé, tenir un journal de bord est une pratique précieuse dans votre parcours de transformation. C'est un outil puissant qui vous aide à rapprocher la personne que vous êtes de celle que vous aspirez à devenir. Votre journal devient alors le témoin vivant de votre évolution.

VOTRE DÉCISION

Il faut apprendre l'art de vivre
aussi longtemps que dure la vie.

• SÉNÈQUE •

Nous voici arrivés au terme de cet ouvrage. A présent, vous pouvez refermer ce livre et poursuivre votre vie comme avant, porté par le flot de la masse inconsciente, ou prendre en main les rênes de votre destin et développer votre propre philosophie de vie. Vous pouvez faire le choix du confort ou vous efforcer de vous améliorer : l'un est tentant, mais l'autre est plus enrichissant.

Comme Hercule, vous devez choisir votre chemin, *Kakia* ou *Arété*, une vie facile ou une vie pleine de sens. Gardez en tête que les choix aisés que vous faites aujourd'hui entraînent souvent des difficultés demain. Peu importe votre situation actuelle, vous avez toujours la possibilité d'agir pour amorcer un changement.

Vous disposez désormais de tous les outils nécessaires pour bâtir votre propre philosophie et aujourd'hui est un excellent jour pour commencer à changer le cours de votre vie.